# 环境服务贸易发展报告

李丽平　原庆丹　等著

中国环境科学出版社·北京

**图书在版编目（CIP）数据**

环境服务贸易发展报告 / 李丽平等著. —北京：中国环境科学出版社，2012.12

ISBN 978-7-5111-1216-3

Ⅰ. ①环… Ⅱ. ①李… Ⅲ. ①环境—服务贸易—研究报告—中国 Ⅳ. ①F752.68

中国版本图书馆 CIP 数据核字（2012）第 291945 号

**出 版 人** 王新程
**策划编辑** 徐于红
**责任编辑** 张 杰
**责任校对** 唐丽虹
**封面设计** 马 晓

---

**出版发行** 中国环境科学出版社
（100062 北京市东城区广渠门内大街 16 号）
网 址：http：//www.cesp.com.cn
电子邮箱：bjgl@cesp.com.cn
联系电话：010-67112765（编辑管理部）
010-67121726（生态图书出版中心）
发行热线：010-67125803，010-67113405（传真）
**印 刷** 北京中科印刷有限公司
**经 销** 各地新华书店
**版 次** 2012 年 12 月第 1 版
**印 次** 2012 年 12 月第 1 次印刷
**开 本** 787×1092 1/16
**印 张** 10
**字 数** 160 千字
**定 价** 68.00 元

---

# 前 言

环境服务及环境服务贸易活动虽然很早就存在，但作为一个服务部门在相关贸易中被正式提及最早出现于 1991 年关贸总协定（GATT）服务部门分类名录（MTN.GNG/W/120）文件中。该文件首次将环境服务单独列出，使其成为与商业服务、通信服务、运输服务等并列的 12 个服务部门之一。W/120 文件不但是世界贸易组织（WTO）关于部门分类的重要参考文件，也是成员开展服务贸易谈判和制作承诺减让表的重要依据。环境服务贸易在推动经济增长、提高资源配置效率、加强技术交流与合作、显著改善环境质量等方面具有重要促进作用，在抢占全球新一轮经济发展制高点中亦具有重大战略意义。30 多年来，环境服务贸易作为一种新的经济形态，正在环境保护、经济发展、社会进步和国际竞争等各个方面发挥着越来越重要的作用。环境服务贸易既是保护生态和改善环境质量的重要保障和途径，也是一种战略性新型产业和服务贸易模式。我们很难将“环境”、“服务”、“贸易”三者完全割裂开来而简单理解为“环境的服务贸易”或“环境服务的贸易”等。本书中，“环境”、“服务”、“贸易”三者是有机统一、密不可分的，“环境”是目的，“服务”是形态，“贸易”是方式，涵盖了环境、服务、贸易三方面的特征。简而言之，环境服务贸易是为环境保护和治理以及公众享受环境提供服务的活动，以及与这些活动相关联活动的集合。

环境服务贸易的出现和发展有重要的国际和国内背景。从国际背景来看，一是随着经济全球化进程的不断加快，全球环境问题日益突显，环境总体状况恶化；二是环境问题已经成为各国政府、国际社会和公众讨论的焦点和热点问题，而且全球环境问题与国际政治、经济、文化、国家主权等非环境领域因素的关系越来越紧密，环境问题已经被列入高层的政治议程；三是国际竞争成为当今世界发展的潮流和主题，国际竞争的内涵和外延更加广泛，已经从传统的经济、技术、军事等领域延伸到环境领域，各国都将环境产品和服务贸易作为新的经济增长点和国际竞争的焦点。为此，包括环境服务贸易谈判在内的环境与贸易议题被列为 2001 年 WTO 多哈新一轮谈判的唯一一个新议题，目前环境服务贸易谈判已经成为 WTO、亚太经合组织（APEC）、自由贸易协定（FTA）等贸易机制的重点和热点议题。国际上对我国环境服务贸易的关注度逐渐升高，2012 年 WTO 秘书处对我国的贸易政策审议中对环境服务的关注度日渐升高，涉及环境的9个问题中有5个问题涉及环境服务。我国已经签署的双边FTA中，绝大多数都涉及环境服务贸易问题，是国外对我国的重要要价。现在正在开展的政府采购协定（GPA）谈判，GPA成员也非常关注对环境服务政府采购市场的要价。从国内背景来看，发展环境服务贸易既是国际形势影响，也是需求和政策要求。第一，我国的城市化率飞速发展，城市化率由1990年的26.41%上升到2000年的36.22%，然后到2010年的47.5%，"十二五"期间，将达到51.5%，城市人口将超过农村人口；第二，国家强调产业结构调整，第一、二、三产业占比由2000年的10.4%、38.9%、50.7%变为2010年的10.1%、46.8%、43.1%，"十二五"期间，第三产业将超过第二产业，产业结构将变为三、二、一的结构；第三，环境污染形势依然严峻，环境约束性指标增多，环境标准逐渐加严，在脱硫设施和污水处理设施上马后，运营将成为重要的增长点。据估算，火电厂脱硫运营费达900亿元/年；第四，环境相关政策密集出台，2010年10月，《国务院关于加快培育和发展战略性新兴产业的决定》将节能环保产业作为七大战略性产业之首；2011年3月国家发布《国民经济和社会发展"十二五"规划纲要》将节能环保产业确定为"十二五"期间重点培育和实现跨越式发展的战略性新兴产业，提出把推动服务业大发展作为产业结构优化升级的战略重点；2011年4月5日出台《关于环保系统进一步推动环保产业发展的指导意见》，提出大力推进环境服务体系建设，推动环保需求的产业化，具体包括大力推进环境保护设施的专业化、社会化运营服务；大力发展环境咨询服务业；鼓励发展提供系统解决方案的综合环境服务业；2011年10月17日《国务院关于加强环境保护重点工作的意见》有专门环保产业章节，明确着重发展环保设施运营、环境咨询、环境监理、工程技术设计、认证评估等环境服务业；2011年12月发布的《国家环境保护"十二五"规划》将发展环保产业作为"十二五"期间需要完善的重要政策措施之一，提出"实行环保设施运营资质许可制度，推进烟气脱硫脱硝、城镇污水垃圾处理、危险废物处理处置等污染设施建设和运营的专业化、社会化、市场化进程，推行烟气脱硫设施特许经营"；2012年6月16日发布《"十二五"节能环保产业发展规划》，提出节能环保产业产值年均增长15%以上，城镇污水、垃圾和脱硫、脱硝处理设施运营基本实现专业化、市场化。巨大的环境服务需求和强劲的政策拉动将大大推动环境服务贸易的发展。

基于以上背景，我们认为，环境服务贸易在推动经济增长、提高资源配置效率、加强技术交流与合作、显著改善环境质量等方面具有重要促进作用，在抢占全球新一轮经济发展制高点中具有重大战略意义。开展环境服务贸易的相关研究不仅对有效支持国际谈判维护国家利益具有重要意义，而且对服务于国内节能减排等环境保护工作、促进产业结构调整和贸易结构优化等都具有重要意义。尽管如此，有关环境服务的研究以及相关资料却非常有限。“垃圾可能随处可见，但是却很少被人研究和理解”，《经济学人》杂志有篇文章很形象地概括了目前环境服务的研究现状。关于环境服务贸易，最核心的问题是边界不清、数据不明，例如环境服务的分类是什么？范围是什么？现在的形势、市场政策和技术状况是怎样的？为此，我们开展了环境服务贸易相关研究，旨在回答上述“是什么”的问题，并分析“为什么”的原因，为相关谈判、进一步推动环境服务贸易“如何发展”及制定相关政策提供基础和参考。

为实现这样的目的，本报告分析和比较了国际上几个重要的环境服务分类，研究了环境服务贸易国际谈判形势、分析和总结了全球和主要国家环境服务市场及贸易情况、环境服务贸易政策环境和技术现状，并在此基础上剖析现状背后的原因，提出有利于我国环境服务贸易发展的政策建议。在研究中本报告采用了美国环境商业国际公司（EBI）的数据，主要原因是：第一，WTO秘书处发布的报告、经济合作与发展组织（OECD）等所发布的报告全部采用该公司数据，具有一定权威性；第二，该数据是目前各国间唯一可以相互比较的数据；第三，该数据也是目前研究国际环境服务贸易唯一可得的数据。

报告共分六个部分。第一部分为述评篇，在分析了环境服务业及环境服务贸易的内涵和分类、面临的国际形势、市场趋势、政策影响、技术特征等基础上，提出了环境服务已经对国民经济产生重要影响、环境服务贸易谈判主要是经济利益驱动和政治利益使然、环境服务市场值可能被大大低估、环境服务贸易政策总体不给力、环境技术贸易一定程度仍受制约等几个判断，最后提出我国应从环境需求角度确定环境服务的内涵、分类、原则、内容和制定途径，建立环境服务和环境服务贸易发展的促进政策体系，理顺环境服务贸易的管理体制，利用国际谈判扩大环境服务贸易发展空间及建立环境服务统计制度和数据发布制度等政策建议。第二部分为概念篇，比较了中国及国际上几种重要的环境服务定义和分类，认为目前国际上没有环境服务的统一定义和分类，但对环境要素开展分类有一定共识；贸易谈判中的环境服务分类范围相对较小，例如污水处理服务仅包含生活污水处理服务，不包括工业污水处理服务；国际上环境服务分类带有强烈的贸易属性，而缺少环境特质。第三部分为形势篇，介绍和分析世界贸易组织、政府采购协定、亚太经合组织、自由贸易协定框架下环境服务贸易谈判和活动情况以及我国的参与情况，认为环境服务贸易已经成为多边和双边贸易机构谈判的热点和焦点议题；环境服务市场准入成为谈判中的主要或核心要价。第四部分为市场篇，详细分析了全球环境服务业发展趋势、驱动力及未来发展热点，并逐一分析中国、美国及其他地区和主要经济体的环境服务业发展趋势及特点，认为全球环境服务业占环境产业的约一半份额，对国民经济和就业产生重要影响，占 GDP 的 1%，就业人口的 1%；全球环境服务业发展不平衡，美国、欧盟和日本环境服务产值占到全球的 80%左右；环境服务贸易发展潜力巨大；环境服务业及环境服务贸易发展的驱动力主要是环境立法和执法。第五部分为政策篇，从环境服务贸易自由化政策和环境服务贸易保护政策两个角度进行了梳理和分析，认为国际上目前都将环境服务作为实现绿色增长的重要途径，积极制定宏观政策、价格政策、财税政策、政府采购、产业等具体政策促进环境服务贸易自由化；由于竞争的需要，各国也存在一定的环境服务贸易保护政策。第六部分为技术篇，对污水处理服务、固废处置服务、废气治理服务和噪声消除服务的技术现状、市场规模、应用情况、技术成本以及技术贸易等进行了分析，认为相对于环境技术的发展，环境技术贸易仍受到很大制约；环境服务贸易是我国环境服务技术发展和提升的重要途径；环境服务技术的进步反过来促进了我国环境服务贸易。

本报告由环境保护部环境与经济政策研究中心原庆丹、李丽平总体设计。第一部分述评篇由李丽平、原庆丹执笔；第二部分概念篇由李丽平执笔；第三部分形势篇由李丽平、环境保护部环境与经济政策研究中心赵嘉、肖俊霞、陈超执笔；第四部分市场篇由李丽平、中国人民大学段炎斐、刘湘怡、环境保护部环境与经济政策研究中心赵嘉执笔；第五部分政策篇由李丽平、陈超、段炎斐执笔；第六部分技术篇由环境保护部环境与经济政策研究中心张彬、中国环境科学学会易斌、杨乔、耿立东执笔。报告由原庆丹、李丽平统一修改定稿。张彬、赵嘉、肖俊霞、陈超等参与了报告的部分审定。

本报告出版之际，要特别感谢在报告撰写过程中给予悉心指导和大力支持的环境保护部国际合作司、科技标准司、政策法规司、规划财务司，中国环境科学学会，商务部国际经贸关系司、世界贸易组织司、服务贸易和商贸服务业司以及中日友好环境保护中心等机构的领导和专家！感谢给予支持和帮助的环境保护部环境与经济政策研究中心的领导和同事！感谢中国环境科学出版社徐于红编辑在出版过程中给予的鼎力帮助！感谢所有与我们密切合作的研究机构和个人！

受资料和水平所限，本报告对于环境服务贸易的研究实际非常初步，需要进一步研究的问题还有很多，衷心希望并感谢有关专家、读者对本书提出宝贵意见和建议！

作　者

2012 年 10 月

# 目　录

# 表目录

# 图目录

# 第一部分　述评篇

经济全球化背景下，环境服务贸易作为一种新的经济形态，正在环境保护、经济发展、社会进步和国际竞争等各个方面发挥着越来越重要的作用，日益受到国际社会密切关注，逐渐成为各国特别是发达国家竞争的焦点。深入理解环境服务贸易，需要从三维视角考虑：一是以“环境”为主题词，从环境保护视角，将环境服务贸易理解为促进环境质量改善的一种途径或方式；二是以“服务”为主题词，从产业发展视角，将环境服务贸易理解为一种国际化的绿色产业及其延伸；三是以“贸易”为主题词，从贸易结构视角，将环境服务贸易理解为贸易的一个组成部分，即“环境服务的贸易”。事实上，以上三个方面很难被完全剥离或拆分，三者之间是密切相关的：“环境”是最终目标，“服务”是实现途径，“贸易”既是目标也是方式，因主体不同而各异。也就是说，环境服务贸易既要从不同角度看待，更要从全面、战略高度统筹看待。本书所谈的环境服务贸易也是三维的融合。

对我国而言，由于所处的经济发展阶段、国际地位、环境形势特殊，大力发展环境服务贸易具有多重和重要的意义：一是作为提供基本公共服务和公共物品、改善环境质量的重要标志；二是拉动和扩大内需的迫切需要；三是转变经济发展方式的有效途径；四是参与国际竞争和占领战略制高点的必然要求。从发展状态看，我国环境服务贸易正处在国内需求的“内拉”和国际开放市场要价的“外推”的双重着力状态。因此，大力发展环境服务贸易不但是必需的，而且是急需的。

大力发展环境服务贸易，提出环境服务贸易的战略框架和政策措施，首先要对环境服务贸易的现状有全面了解和客观评估。

## 一、环境服务贸易发展现状

环境服务贸易发展总体上处于“西推东就”、“外热内凉”的状态，换句话说，环境服务贸易主要是西方发达国家在推动，发展中国家被动接受和附和；国际上积极促进环境服务贸易自由化，而各国国内还存在相关保护性政策。

### （一）环境服务的内涵和范围

目前国际上没有环境服务的统一定义和分类。比较有影响的环境服务分类包括世界贸易组织（WTO/120）文件、联合国中心产品分类（CPC）、欧盟、经济合作与发展组织和欧盟统计局（OECD/EUROSTAT）对环境服务的分类。四种分类中，都包括了污水处理服务（Sewage Services）、废物处置服务（Disposal Services）和卫生及类似服务（Sanitation and Similar）等。换句话说，这些是大家公认的环境服务。截至 2010 年底，已经有 59 个 WTO 成员在环境服务的至少一个分部门做出具体承诺（这里欧盟作为一个成员），已做出承诺成员的国内生产总值约占全部 WTO 国内生产总值的 90%以上。而且，所做承诺基本都基于 WTO/120 分类或 CPC 分类。也就是说，都涉及污水处理服务、废物处置服务和卫生及类似服务等。

但是，环境服务范围和边界仍然不清晰和不明确，各方意见还不一致。例如：饮用水处理是否属于环境服务？环境咨询服务属于环境服务还是商业服务（CPC2.0 83931）？环境服务范围只包括末端治理还是也包括预先防治服务？环境服务分类按环境要素分类还是按其他形式分类等仍然存在众多争议。

我国的环境服务不是按环境要素来分类，而是根据与服务贸易相关的活动，根据环境保护总局 2006 年 7 月发布的《环境服务业发展报告》，具体分为：环境技术服务、环境咨询服务、污染设施运营管理、废旧资源回收处置、环境贸易与金融服务、环境功能及其他服务六类。国际上的污水处理服务不涵盖工程服务，但在我国统计污水处理服务时涵盖了污水处理设施的建设和工程。目前我国现行环境服务分类与 CPC 分类并不能一一对应。我国《国民经济行业分类代码》（GB/T 4754—2011）中涉及环境服务业的主要有："80 环境管理业"中的"8011 自然保护区管理"和"802 环境治理"。其中"802 环境治理"分为"8021 城市市容管理"、"8022 城市环境卫生管理"、"8023 水污染治理"、"8024 危险废物治理"、"8029 其他环境治理"。

### （二）环境服务贸易面临的国际形势

环境服务贸易已经成为多边、双边和区域谈判的焦点。WTO 多哈回合谈判将环境服务作为新议题之一。在 WTO 多哈谈判多年未果的情况下，环境服务成为政府采购协定（GPA）、亚太经合组织（APEC）、双边自由贸易协定（FTA）的谈判焦点和重点要价。我国正在开展加入 GPA 谈判，从 GPA 各成员对我国要价来看，截至 2012 年 8 月，6 个成员，包括瑞士、美国、日本、挪威、欧盟、新加坡对中国提出了环境服务政府采购市场开放要价。自 2007 年以来，历届 APEC 领导人宣言、部长宣言都将推动环境产品和服务贸易自由化作为推动地区绿色增长的重要途径，而且专门制订了《APEC 环境产品和服务工作计划》。自我国开始自贸区谈判以来，环境与贸易问题，特别是环境服务业市场的进一步开放一直是双边和区域自贸区谈判的重要要价，甚至成为自贸区协定是否能够签署的关键。例如，在中国—新西兰 FTA 的谈判中，环境服务贸易谈判一度成为 FTA 谈判能否顺利按时完成的筹码。在中国—东盟自贸区谈判中，新加坡、泰国、马来西亚等都对中国环境服务市场进一步开放提出要价。

### （三）环境服务市场和贸易特征

由于环境服务没有统一的范围和边界，目前关于全球环境服务市场的数据都是估计值，没有统计值，而各国发布的数据也都不具有可比性。WTO 秘书处及 OECD 发布的所有关于环境服务市场的数据都来自美国环境商业国际公司（EBI）的数据。根据其数据，2012 年全球环境服务产值为 3 810 亿美元。综合全球及主要国家的环境服务贸易市场，呈现出几大特征：一是环境服务业市场规模和国民收入大概成正比关系发展趋势极为相似，2008 年金融危机对环境服务业与国内生产总值影响也一致。从 1996—2010 年 15 年的数据看，两者平均增速分别为 3.1%和 2.9%。二是环境服务业产值约占环境产业产值的一半。三是根据美国环境服务业的分类，全球环境服务业主要集中在固废处置服务和污水处理服务，这两类服务占环境服务市场的主要份额，2010 年这两个项目产值占全球环境服务业产值的 74%，其中固废处置服务占 45%，污水处理服务占 29%。四是全球环境服务市场极其不平衡，主要集中在美国、西欧和日本，而其他国家只占很小的一部分。2010 年，这三个国家和地区的环境服务业产值约占全球环境服务业产值的 80%。五是随着环境法规的日益增多和严格，环境服务贸易潜力越来越大。六是环境服务的投资主体逐渐多元化，由原来以政府投资为主变为政府和私人投资相结合。

### （四）环境服务贸易的政策影响

国际上积极推动环境服务贸易自由化，促进环境服务贸易发展；各国国内也将环境服务业发展作为环保产业和服务业发展的重要组成部分，以及抢占国际竞争力和战略制高点的重要途径，积极出台相关政策支持和鼓励环境服务业的发展。以我国为例，尽管目前我国还没有制定专门的环境服务贸易政策，但在相关政策中都体现为鼓励和扶持发展。而且近年来相关政策越发密集出台，进一步凸显了其重要性，也表现出我国正致力于营造加快环境服务贸易发展的宏观环境。从各国情况来看，环境服务贸易的政策一般具体反映在综合性政策、外资政策、政府采购政策、价格政策、财税政策、产业政策中。但同时，由于环境服务具有较强的公共物品属性以及作为服务部门的一个子部门，其受国内相关的管理政策及对外贸易的水平政策影响较大，环境服务贸易自由化也受到某种程度制约，例如对服务提供者人数限制，对贸易、资产总额限制，对事务所数量、服务产生量限制，对雇佣者人数限制，对法人形式限制，对外资参与限制等。

### （五）环境服务技术的特征

由于投入增加，环境服务技术呈现出如下特点：一是环境服务技术快速发展。二是由于环境服务技术进步加快了环境服务贸易发展，同时，环境服务贸易发展反过来又促进了环境服务技术进步。三是我国的环境服务技术虽然进步很快，在某些领域，例如噪声消除、除尘等领域已经达到或接近国际先进水平，但是，很多领域还存在一些差距，主要表现在设计制造水平较低，产品标准化欠缺以及自主开发能力较弱三方面。

## 二、环境服务贸易发展状况分析

根据以上对环境服务贸易发展现状的描述，结合具体研究，对现状背后的原因及延伸意义进行分析，可以得出如下几个判断：

### （一）环境服务的内涵既限定在一定范围内，又有很强的外延属性

根据 WTO/120 和 CPC 分类及定义，环境服务是限定在一定范围内的。以污水处理服务为例，这里的污水处理服务（CPC 9401）通常是指利用诸如排污管道、化粪池、下水道或阴沟等设备提供的排污服务；利用稀释、筛选和过滤、沉积、化学沉淀等的污水处理服务。不包括 18000 项（自然水）下的水的收集、净化和分配服务，51330 项（水利、港口、堤坝、其他水利建筑工程）下的下水道建造、维修和改建。污水处理服务用英文词语表示为“Sewage Services”，而非“Waste Water”，也就是说，这里污水处理服务的内涵仅指生活污水处理，并不包括工业污水处理服务。但是，生活污水处理服务不仅包括城市生活污水处理服务也包括农村生活污水处理服务。

另一方面，不管是 WTO/120 分类还是 CPC 分类，环境服务都有一个“其他环境服务（CPC 9409）”子类，也就意味着这是一个开放的类，任何被认为与环境服务相关的都可以放到此类下。以能源服务为例，在中国—新西兰自贸区谈判和中国—澳大利亚自贸区谈判中，能源服务，包括碳捕获、碳储存（CCS）等都列入环境服务子类下谈判。

另外，从 2012 年 9 月发布的 APEC 环境产品清单来看，风能和太阳能等相关设备已经被确定为环境产品，那么，从产品和服务对应的角度，很难说这些不是环境服务。因此，环境服务的范围并不仅仅是环境污染治理等传统服务，其外延属性很强。

### （二）环境服务已经对国民经济产生重要影响

环境服务业不仅是环保产业的重要组成部分，为环境污染治理和环境保护提供必要的基础与保障，也是实现产业结构调整与国民经济发展的重要支撑。从全球和各国历年数据看，环境服务业占 GDP 的比重越来越高，逐渐成为拉动 GDP 增长的动力之一。另外，环境服务业也成为吸纳就业的重要部门。以美国为例，1980 年美国环境服务业产值只占 GDP 比重的 0.44%，1990 年这一比重上升到 1.08%，到 2010 年，环境服务业占 GDP 比重为 1.13%。从对就业影响看，美国的环境服务业吸纳 171 万人就业，占全国就业人数的 1%。

### （三）环境服务贸易谈判主要是经济利益驱动和政治利益使然

现有的环境服务分类主要是贸易自由化谈判的需要，并不以环境管理和环境保护的需要为根本出发点。理由是：第一，提出环境服务分类的机构或组织都是贸易和经济组织，而非环境机构。例如：以上比较重要的几种环境服务分类是经济合作与发展组织（OECD）、WTO 等提出的，这些机构无一例外都是贸易和经济组织。而联合国环境规划署（UNEP）这一主管环境的国际组织却从未提出过任何关于环境服务的定义和分类。这决定了现有环境服务的所有属性和本质。第二，各方对环境服务分类的谈判都是在贸易机构，谈判的主体是贸易机构，主要反映的是出口贸易利益和目的，而非环境目的，环境只是“外衣”。第三，环境服务贸易谈判驱动方是发达国家，主要目的是在国内市场趋于饱和的情况下，通过国际谈判寻求新的平台和渠道，“正大光明”地寻求和开拓新的国际市场，环境服务范围和边界的模糊性正好为此提供了机会。第四，世界科技和产业调整变革中，绿色经济和环境技术扮演着越来越重要的角色。谁能在有利于环境保护的产品设计、技术创新方面占据优势，谁就会在新的国际竞争中占据主动。为此，世界各国纷纷出台优惠和倾斜政策，投入巨额资金，加大对节能环保技术的支持力度，努力抢占未来经济科技竞争制高点。这也是为什么环境服务能够谈判和达成共识的重要原因。

另一方面，推动环境服务贸易自由化是美国国家利益的具体体现。美国一直是环境服务贸易自由化的主要推动者，从 APEC 讨论到 WTO 谈判。这既是其经济利益的体现，也是其外交和政治的需要。首先，美国在仍不签署《京都议定书》承诺温室气体减排的情况下打出这张环保牌，意在部分抵消其环境保护方面的不作为，为2012年总统大选做铺垫。其次，是其拉动内需和保护就业的需要。根据美国EBI公司的数据，2010年美国环保产业产值占全球环保产业产值的40%，是最大的环境服务贸易顺差国，2009年环保产业出口额达405亿美元，占全球环保产业贸易额的31%，其中环境服务企业43 690家。环境产品和服务贸易自由化无疑会对美国的环保产业、经济发展和就业起到积极作用，特别是金融危机后，美国经济亟待复苏的关键时期。最后，是为遏制包括中国在内的发展中国家的利益。对环境产品征收高关税一直是发展中经济体保护其国内产业的重要手段，美国高调提倡环境产品贸易自由化实质是变相压制发展中经济体。

### （四）环境服务市场值及贸易额可能被大大低估

上面提到，目前全球没有环境服务的统计数据。国际上，发布有关环境服务数据的机构主要是WTO秘书处和OECD，而这些数据最终来源渠道都来自美国环境商业国际公司（EBI），其公布数据为估计值。根据其数据，2012年全球环境服务产值为3 810亿美元。由于环境服务市场值与环境服务定义、范围等密切相关，因此，当前的环境服务市场数据很可能被大大低估。

第一，美国EBI的数据估计基于美国的环境服务状况和分类，而美国的分类中没有噪声消除服务。在WTO/120及CPC分类中，噪声服务是其中子类服务。另一方面，随着城市化的不断发展，噪声扰民已经成为重要的环境问题之一，噪声消除服务市场及潜力都很大。

第二，当前的环境服务数值中没有包括能源服务。但是，APEC在2012年9月发布的环境产品清单中已经明确包含了风能和太阳能等产品，依据此推理，洁净能源等服务也属于环境服务；另外，双边自贸区谈判中也都将能源服务放在环境服务项下进行谈判，而能源服务有非常大的市场。根据世界银行集团旗下国际金融公司（IFC）2012年发布报告，世界贫困人口地区能源服务市场的私人投资机会超过370亿美元。

第三，农村的面源污染等服务没有包括在内。对于我国和其他发展中国家而言，农村环境治理是潜在的巨大市场。根据我国第一次全国污染源普查结果显示，农业主要污染物如化学需氧量、总氮和总磷，分别占到全国排放量的43.7%、57.2%和67.3%。为此，财政部和环境保护部联合出台的《关于加强“十二五”中央农村环保专项资金管理的指导意见》，2012年我国中央财政投入农村环保55亿元。《国家环境保护“十二五”规划》中也提出了“提高农村生活污水和垃圾处理水平，保障农村饮用水安全”等具体内容。

第四，家庭的室内环境服务，例如家庭室内甲醛等污染物质的清除等也没有包括在内。根据 2005 年“中国首届室内环境净化治理行业发展研讨会”数据，2004 年，室内环境净化治理行业市场规模 100 亿元人民币，预计年复合增长率 31%，2012 年销售额将达 500 亿元人民币。

第五，气候变化、生物多样性、臭氧层物质等全球环境问题的治理服务也没有包括在内。

第六，环保产业发展和更新非常快，受政策影响很大。比如我国“十一五”发布了二氧化硫和 COD 两个约束性指标后，脱硫等技术的发展速度很快。新版《环境空气质量标准》将 $PM_{2.5}$ 作为常规监测指标，根据《中国环境报》数据，这将带动 20 亿元市场，而且将带动整个环境监测行业的发展。这些因素在估计中是否涉及都值得探讨。

### （五）环境服务贸易政策总体不给力

总的来说，国际上都支持环境服务业和环境服务贸易政策，但这些政策总体不给力。一是由于环境服务内涵不清晰、边界模糊，笼统提出的支持环境服务和环境服务贸易发展的政策很难落到实处。例如，所提的税收优惠、价格补贴等政策由于没有相应认证和边界划分，一些环保公司很难实际享受。二是所提的支持和鼓励环境服务的政策更多是倡议性和行政性的，经济激励形式很少，很难形成“政策势”[①]，进而“水到渠成”发挥作用。三是法律法规不健全，没有专门规范环境服务业发展的法规或引导性文件，虽然已有相关政策含在其他综合性政策中，例如服务贸易政策和环保产业政策等，但是内容分散。四是政策不具体不完善，例如：促进环境服务业发展的投融资政策欠缺，从商业银行获得信贷资金支持的难度较大，税收优惠政策不完善，现行税制中涉及环境服务业的税收扶植政策较少，而且大多为临时性政策，缺乏系统性，对环境服务业的扶持作用有限。五是支撑体系不健全，例如环境服务业统计体系和标准体系不健全，对环境服务业发展政策制定与决策支撑力度不够。

### （六）环境技术贸易一定程度仍受制约

相对于其他服务部门，环境服务贸易开放程度较高，服务提供的四种模式——跨境

① 这里“政策势”的概念是想借鉴物理学上“势”和“势差”的概念，意思是说，环境服务的经济激励政策自动发挥市场推动作用，使从事环境服务的企业自愿或主动开展环境服务活动，进而发挥作用，形成不一样或有差别的市场。

交付、境外消费、商业存在、自然人移动都有涉及。而且，跨境交付和境外消费基本不做限制。尽管如此，相对于环境服务市场发展，环境服务贸易占比较小；相对于环境技术的发展，环境技术贸易仍受到很大制约。主要原因包括：一是存在环境技术“不服水土”的问题，环境技术的地域性较强，例如欧洲的垃圾焚烧和处理技术有的就不适用于我国，因为燃烧原材料不同，所以热值指标设计、炉膛大小等都会有所不同。二是发达国家的环境技术价格仍然较高，发展中国家有时只能“望洋兴叹”，进而不得不选择一些国内低廉的技术和产品。三是阻碍环境服务贸易的壁垒仍然存在，例如人员签证、人员配额、资金比例等问题。四是受知识产权保护，一些较新的环境技术很难实现贸易交流。

## 三、促进我国环境服务贸易进一步发展的对策和建议

我国将环保产业列为新型产业之首，服务贸易发展规划中提出要进一步促进服务业“走出去”战略。结合以上分析，对促进环境服务贸易，提出如下对策和建议：

### （一）从环境需求角度确定环境服务的内涵、分类、原则、内容和制定途径

关于环境服务的内涵，应该理解为既不是非常狭义的污染治理，也不是非常广义的无所不包。环境服务的内涵应是一相对概念，应是以人为中心，对周围环境加以保护的范畴。具体环境产品中的“环境”含义应遵循和参考《人类环境宣言》《里约宣言》《环境保护法》中对环境的阐述。例如《环境保护法》中所称环境，是指影响人类社会生存和发展的各种天然的和经过人工改造的自然因素总体，包括大气、水、海洋、土地、矿藏、森林、草原、野生动物、自然古迹、人文遗迹、自然保护区、风景名胜区、城市和乡村等。

关于环境服务的分类，建议借鉴国际经验和国内未来统计的需要，分成两个层次。第一个层次按照环境要素分类，例如，污水处理服务、废物处置服务、废气消除服务等。第二个层次按环境服务方式和途径分类，例如设计、咨询、监测等。

关于环境服务的内涵和分类制定原则必须从环境需求出发。由于环保产业是环境保护需求拉动型产业，因此，两者在这一点上应是一致的。

关于环境服务的内容应该是一个动态清单，而非静态的、一劳永逸的。该清单也是开放的清单，是能够经得起质疑和探讨的。因为环境技术发展很快，环境质量和标准不断更新，例如对于机动车排放而言，原来满足欧II标准，之后必须满足欧III或欧IV标准。

这样，环境产品就需要根据标准开展认证，不断更新、增加或剔除。

关于环境服务内容的制定，考虑到环境服务内容是技术性和科技性很强的清单，应该借鉴《关于在国际贸易中对某些化学品和农药采用事先知情同意程序的鹿特丹公约》《关于持久性有机污染物的斯德哥尔摩公约》等国际环境公约制定清单的经验，基于专门的目的，建立环境科技委员会等机制。该委员会由大气污染治理、污水处理、废物处置、噪声消除等各行业环境专家及相关产业若干专家组成。其职责是研究环境产品标准和评价方法；制定环境服务清单；定期对清单进行审查；对政府决策提出相关建议等。相关部门负责最后决策。由环境科技委员会提议并被政府相关部门最后认可的服务就是环境服务。这一点，也应该结合环境产品清单内容进行。

### （二）建立环境服务和环境服务贸易发展的促进政策体系

加强环境服务和环境服务贸易相关政策的制定，不断完善相关的法律法规，建立环境服务和环境服务贸易发展促进的政策体系。环境服务相关政策完善总的原则是体现和反映环境成本。一是加强环境标准的修订，包括产品环境标准、重点行业的排放标准、环境质量标准等。二是制定相关经济激励政策，例如，制定相关所得税、营业税等优惠政策，扶持有资质的环境服务企业，制定相关增值税减免政策，使环境服务企业享受到比一般生产企业更多的实惠。逐步建立环境服务贸易出口促进专项资金，促进环境服务贸易出口。三是加强信息服务政策制定。理顺信息发布渠道，确保信息公开，加强信息咨询，鼓励公众参与，充分发挥环保行业协会和环境服务商会的作用，组织贸易展览、专业辅导技术培训等服务项目，采取市场化运作，以政府采购方式促进环境咨询和信息服务。四是制定环境服务贸易发展战略。制定环境服务贸易发展战略的指导思想是统筹兼顾、分类管理和分步骤实施。统筹兼顾是指将市场开放引进来与走出去统筹；将短期行为与长远目标统筹；将环境利益和国家总体利益统筹。分类管理是指从空间上东、中、西部的环境服务贸易发展可分别对待；从具体类别上，污水处理服务、废物处置服务、噪声消除服务、大气清除服务等也要分别对待；从服务提供模式看，跨境交付、境外消费、商业存在、自然人移动要实施分别开放政策。分步骤实施是指分步实施开放战略，各子类环境服务和服务提供方式分别实施，例如可先开放噪声消除服务，再开放其他环境服务；先开放境外消费，再开放其他服务方式。实施次第开放。

### （三）理顺环境服务贸易的管理体制

环境服务涉及范围广，包括污水处理服务、废物处置服务等多项。具体的环境服务管理事务分属多个部门，多个部委依据职能分工管理有关工作，依据“三定”方案，商务部负责服务贸易的战略和政策制定、统计、促进工作，负责国际多边谈判、对外事务协调等，国家发展和改革委员会为环保产业主管部门，环境保护部为环保产业协助管理部门，其他相关部门还涉及住房和城乡建设部、水利部、国务院国有资产监督管理委员会、林业局、国土资源部等；地方层面，总体与国家机构设置相对应，但存在一些差异。例如，海南省一般废物管理由住房和城乡建设厅负责，危险废物管理由国土环境资源厅负责。这些既不利于国内环境服务业的发展，也不利于我国参加 WTO、GPA、FTA 等环境服务贸易的对外谈判。因此，需要建立中央和地方互动、政府、企业和公众紧密联系的环境服务贸易协调管理机制。中央层面，应清晰各部委职责划分，明确环境服务和环境服务贸易的主管部门，使环境服务贸易的战略规划、服务贸易立法、标准、统计、“走出去”战略等重大事项尽快研究和落实。

### （四）积极参与国际谈判，服务环境利益，扩大环境服务贸易发展空间

紧紧抓住，积极利用 GPA、APEC、FTA 中环境服务谈判的机遇，实施一体化和协同谈判策略服务我国节能减排等环境利益，进一步扩大环境服务贸易发展空间，为我国的环境服务企业“走出去”创造良好的条件。我国的噪声消除服务等具有一定优势和竞争力，可以适当提高贸易开放程度，允许外国企业参与相关合作。从服务贸易提供模式看，我国的劳动力丰富，自然人移动具有比较优势，建议在相关谈判中，要求在垃圾收集、卫生及类似服务等环境服务子项下降低自然人移动的贸易壁垒，提高劳工配额发放程序透明度并增加劳工或技术人员的签证配额。从合作国家来看，建议先积极与东盟国家合作。

### （五）建立相关的环境服务统计制度和数据发布制度

由于环境服务范围的不明确，需要按照联合国确定的国际服务贸易统计标准，结合国内环境服务业发展情况和统计体系，以跨境贸易和附属机构两条主线建立环境服务贸易统计体系，明确环境服务贸易统计的标准、指标体系、统计方式和发布方式等。运用这些统计数据，建立相关数据库，开展统计分析和政策分析，开展数据发布制度。

# 第二部分　概念篇

## 一、国际上几种重要的环境服务定义和分类

迄今为止，国际上没有对环境服务统一定义和分类，各国对环境服务均有不同理解和分类。比较有影响的环境服务分类包括以下几种：联合国中心产品分类（Central Product Classification，CPC）、《服务贸易总协定》（W/120，1991）所使用的服务部门分类目录（Services Sectoral Classification List，SSCL）、经济合作与发展组织和欧盟统计局（OECD/EUROSTAT）关于环境服务的分类（OECD，1999）、欧盟在 WTO 新一轮谈判中提出的环境服务分类、美国对环境服务的分类。

### （一）联合国中心产品分类（CPC）中的环境服务定义和分类

《联合国中心产品分类》（Central Product Classification，CPC）由联合国统计署组织制定，为产品统计资料的国际比较提供了一个框架，作为发展或订正现有产品分类办法的指南，主要用于工业生产、国民账户、服务业、国内外商品贸易、国际服务贸易、国际收支、消费及物价统计。《联合国中心产品分类》分 CPC（暂定版，1991）和 CPC（修订版）（修订版又包括 CPC1.0（1998）、CPC1.1（2002）和 CPC2.0（2008）等几个版本）。目前来看，CPC（暂定版）中的环境服务分类应用最广泛，WTO、GPA 谈判、成员承诺以及 FTA 谈判大都采用 CPC（暂定版）中的环境服务分类，而 CPC（修订版）则较少涉及。因此，下面主要介绍 CPC（暂定版）中的环境服务分类，同时将 CPC（暂定版）中的环境服务分类与 CPC1.0 中的环境服务分类做一简要比较。

CPC（暂定版）将服务分为以下 5 大类（前面数字为 CPC 暂定版中的序号编码）：

❖ 5 建筑服务；土地；

❖ 6 经销行业服务；住宿；餐饮服务；

❖ 7 运输服务；存储；通信服务；

❖ 8 商业、农业、矿业和制造业服务；

❖ 9 社区、社会和个人服务。

其中，涉及环境服务的“94 污水与废物处理、卫生及其他环境保护服务”属于“9 社区、社会和个人服务”。

CPC（暂定版）将环境服务分为7个亚类，包括污水处理服务（CPC 9401）、废物处置服务（CPC 9402）、卫生及类似服务（CPC 9403）、废气清除服务（CPC 9404）、噪声消除服务（CPC 9405）、自然与景观保护服务（CPC 9406）及其他环境保护服务（CPC 9409）。

污水处理服务（CPC 9401）通常指利用诸如排污管道、化粪池、下水道或阴沟等设备提供的排污服务以及利用稀释、筛选和过滤、沉积、化学沉淀等进行的污水处理服务。不包括18000项（自然水）下的水的收集、净化和分配服务，51330项（水利、港口、堤坝、其他水利建筑工程）下的下水道建造、维修和改建。废物处置服务（CPC 9402）包括收集和运输无害废料服务，不论废料来自家庭或工业或商业企业，运输服务和焚烧处理服务及其他垃圾处理服务，以及降耗服务，不包括62118项（收费或基于合同的销售）和62278项（回收用废物和碎屑的批发交易服务）下的废物和碎屑的交易服务。环境方面的研究和实验服务归入85项下，与环境有关的政府行政管理服务归入91123项（房屋管理和社区环境服务）和91132项（能源与资源管理服务）下。卫生及类似服务（CPC 9403）主要指其他卫生及类似服务，包括清扫和清除积雪服务，不包括87401项下的建筑物和其他非农业用构筑物的消毒和灭虫服务以及88110项（农业有关服务）下的与农业有关的害虫防治服务。废气清除服务（CPC 9404）指对释放到空气中的污染物的监控服务，包括动态的和静态的，主要由化石燃料焚烧引起以及空气中的污染物，特别是城市污染物的集中监控和消除服务。噪声消除服务（CPC 9405）指噪声污染监测、控制和消除服务，例如城市交通相关噪声消除服务。自然与景观保护服务（CPC 9406）指生态系统保护服务，例如湖泊、海岸线和海岸水域、沼泽地等，还包括动物、植物、栖息物种等，该服务包括生态与环境的关系研究（例如温室效应）、自然灾害评估和消除服务，不包括风景区保护。森林和损害评估和消除服务归入881项（农、牧、渔业相关服务）下。其他环境保护服务（CPC 9409）指未归类的其他环境保护服务，例如土壤酸化处理（“酸雨”）监测、控制和损害消除服务。

CPC 1.0将环境服务分为4个亚类：污水处理服务（CPC 941）、废物处置服务（CPC 942）、卫生及类似服务（CPC 943）及其他环境保护服务（CPC 949）。也就是说，将CPC（暂定版）中的废气清除服务（CPC 9404）、噪声消除服务（CPC 9405）、自然与景观保护服务（CPC 9406）及其他环境保护服务（CPC 9409）合并成其他环境保护服务（CPC 949）亚类，同时又对废物处置服务（CPC 942）及污水处理服务（CPC 941）进行了再次分类，将废物处置服务（CPC 942）分为非危险废物收集服务（CPC 94211）、非危险废物处理和处置服务（CPC 94212）、危险废物收集服务（CPC 94221）、危险废物处理和处置服务（CPC 94222）；污水处理服务（CPC 941）分为污水处理服务（CPC 94110）和水池倒空及清洁服务（CPC 94120）。

### （二）WTO 对环境服务的定义和分类

WTO 前身关贸总协定 GATT 制定了“服务部门分类清单”（MTN.GNS/W/120，简称 W/120 文件），供谈判、统计等工作之用，除了用于海关税则和贸易统计外，还用于运输商品的计费、统计、计算机数据传递、国际贸易单证简化以及普遍优惠制税号等方面。后经 WTO 服务贸易理事会 GATS 评审认可。W/120 文件将服务分为 12 大类，分别是：商业服务、通信服务、建筑及相关工程服务、分销服务、教育服务、环境服务、金融服务、与健康相关的服务和社会服务、旅游及旅游相关服务、娱乐、文化和体育服务、运输服务，未包括的其他服务。

其中环境服务分为：污水处理服务（Sewage Services）、废物处置服务（Refuse Disposal Services）、卫生及类似服务（Sanitation and Similar Services）、其他环境服务（Other）四类。GATS W/120、CPC（暂定版）、CPC 1.0 中的环境服务分类比较见表 2.1。GATS 环境服务分类没有对污水处理服务、废物处置服务等进行次级分类。这一分类方式被大部分 WTO 成员在其具体承诺减让表中使用。

表 2.1　GATS、CPC（暂定版）、CPC 1.0 环境服务分类比较

| GATS | CPC（暂定版） | CPC 1.0 |
|---|---|---|
| 环境服务 | 污水处理、废物处置、卫生及类似服务、其他环境保护服务 | 污水处理、废物处置、卫生及类似服务、其他环境保护服务 |
| A. 污水处理服务 | 9401　污水处理服务 | 941　污水处理服务<br>94110 污水处理服务<br>94120 水池倒空及清洁服务 |
| B. 废物处置服务 | 9402　废物处置服务 | 942　废物处置服务<br>94211 非危险废物收集服务<br>94212 非危险废物处理和处置服务<br>94221 危险废物收集服务<br>94222 危险废物处理和处置服务 |
| C. 卫生及类似服务 | 9403　卫生及类似服务 | 943　卫生及类似服务<br>94310 清扫及铲雪服务<br>94390 其他卫生及类似服务 |

| GATS | CPC（暂定版） | CPC 1.0 |
| --- | --- | --- |
| D. 其他环境服务 | 9404 废气清除服务<br>9405 噪声消除服务<br>9406 自然与景观保护服务<br>9409 其他环保服务 | 949 其他环境保护服务 |

资料来源：OECD，Environmental Goods and Services，the benefits of further global trade liberalization. 2001，p17.

### （三）经合组织和欧盟统计局对环境服务的定义和分类

经济合作与发展组织和欧盟统计局（OECD/EUROSTAT）认为 CPC 1.0 及 W120 中的环境服务定义都过于泛化，经过研究，他们提出新的环境服务定义和分类（OECD，2001）。他们认为环境服务具体指提供度量、预防、限制与水、空气、土壤、废物、噪声、生态系统等相关的环境破坏的服务，以及将这些环境破坏程度降到最低的服务。该分类包括两部分：一是为一次或多次环境保护、污染控制、补救和预防活动提供的服务，具体包括提供有关分析和监测服务、技术工程服务、环境研发、培训与教育、环境核算与法律服务、咨询服务、其他环境事务等；二是指具体环境媒介所提供的服务，具体包括从事废水处理、废物处置、大气污染控制、噪声消除等方面的服务（OECD/EUROSTAT 的环境服务分类见表 2.2）。

表 2.2 OECD/EUROSTAT 环境服务分类

| 次分类 | 具体描述 |
| --- | --- |
| （1）为一次或多次环境保护、污染控制、补救和预防活动提供的服务 | |
| 设计咨询和工程 | 为环境工厂、设备和设施提供的工程服务，包括咨询服务，例如可行性研究、成本核算<br>● 为环境工厂、设备和设施提供的建筑和设计服务，包括相关的城市规划和景观建筑<br>● 环境影响研究 |
| 选址准备、建筑、安装和装配、修理和维护 | 为环境设施、工厂和设备所提供的服务，例如污水和水管理，固体和有害废物的收集和处理系统，填埋场、焚烧厂等<br>● 与选址准备有关的工程服务，建造过程中的检查<br>● 地表和地下调查<br>● 厂址调查，构成和清除<br>● 环境设备、工厂和装备的建造、安装和装备<br>● 防腐系统和处理系统安装<br>● 建筑物的建造和安装<br>● 机器和设备的修理和维护 |
| 项目管理服务 | ● 作为一个整体项目，对设计、工程、建造和安装的监督 |

| 次分类 | 具体描述 |
|---|---|
| 环境研发 | ● 开发清洁产品、过程和技术的科技活动<br>● 减少或消除污染排放、改善环境质量的科技活动<br>● 生态系统及人类活动对环境影响的技能提高 |
| 分析服务、数据收集、检验、分析和评估 | ● 环境监测、控制及损害评估，例如酸雨、自然灾害评估服务<br>● 组成和纯度检验和分析服务<br>● 污染影响的计算模型<br>● 空气质量和水质的采样及检测<br>● 林业评估和损害消除服务 |
| 土壤、表面水、地下水的补救与清除 | 减少土壤、水，包括表面水、地下水和海水，污染数量的运行系统或其他服务条款<br>● 评估的咨询和工程服务<br>● 现场或移动清除系统，应急反应，泄漏清除、自然灾害评估及消除服务<br>● 水处理及残留物的清除<br>● 受污染土壤的特殊处理：见固体废物管理 |
| 生态系统与景观保护服务 | ● 生态系统咨询和评估服务、自然和景观保护服务，例如湖泊、海岸线和湿地等，包括动植物和栖息地 |
| 环境教育培训与信息 | ● 特殊研究所或学校系统之外的特殊机构为一般公众或特殊工作场所提供的环境教育及培训，例如环保培训课程或环境设施运行课程<br>● 成人教育和小学水平没有规定的特别科目教育 |
| （2）具体环境媒介提供的服务 | |
| 水和废水管理<br>（A）污水服务<br>（B）人类用水 | ● 污水处理和处置设施和设备运行和维护费用，水箱倒空和清洁服务、废水运输<br>● 饮用水的收集、净化处理及通过水管的分配 |
| 固体和危险废物管理<br>（A）垃圾处理服务<br>（B）再循环服务<br>（C）卫生及类似服务 | 包括（1）中的“水平”服务<br>● 生活、商业和工业垃圾（包括危险废弃物及非危险废弃物）的收集、运输、处理和处置服务<br>● 通过焚烧、堆存、填埋等处理和处置，包括废物减量化服务及受污染土壤的特殊处理服务<br>不包括废物的买卖及批发服务[见（B）（C）]<br>● 金属废物和废料的再循环服务，例如铁和铝的回收<br>● 非金属废物及废料的再循环服务，例如纸张、塑料和玻璃<br>● 再循环废物的买卖、批发及零售服务，例如纸张、饮料瓶等<br>● 街道、公园、海滩及其他户外清扫、除雪、除冰及其他卫生及类似服务<br>不包括建筑物的消毒、与农业有关的杀虫等服务 |
| 大气污染控制，包括（1）部分中的“水平”服务 | 移动和静止污染源尾气及颗粒物质的评估、处理和处置服务<br>● 排放检测和控制服务<br>● 周围空气污染物的浓度检测和控制服务，尤其是城市地区机动车、商业、工厂建筑及混合体的尾气净化系统 |
| 噪声控制，包括（1）部分中的“水平”服务 | 噪声源及噪声扩散的评估、消除服务<br>● 噪声污染检测、控制和消除<br>● 声学系统的设计、管理等 |

资料来源：OECD，Environmental Goods and Services，the benefits of further global trade liberalization. 2001，p21-23.

### （四）欧盟对环境服务的定义和分类

在 WTO 服务贸易委员会的谈判中，欧盟提出一种新的环境服务分类，它将环境服务分为“核心”环境服务及与环境相关的分部门分类（表 2.3）。其内容包含了单纯的环境服务业及设计、工程、研发等被归于 GATS 其他部门的概念性服务。

表 2.3 欧盟的环境服务分类

| 一、核心环境服务分类 | |
|---|---|
| 种类和服务 | 描 述 |
| A）人类用水和废水管理 | |
| 通过管道进行的水的收集、净化和配送服务，不包括蒸汽和热水的相关服务 | ——饮用水处理、净化和配送服务，包括监测 |
| 废水服务 | ——生活废水的处理和处置，商业和工业污水及其他废水包括水池（tank）的清空、监测及水中废物的处理 |
| B）固体/危险废物管理 | |
| 废物处置服务 | ——危险和非危险废物的收集、处理和处置（焚烧、堆肥、填埋） |
| 卫生及类似服务 | ——扫雪和铲雪<br>——其他卫生及类似服务 |
| C）大气和气候保护 | |
| 削减废气和其他排放服务及改善空气质量 | ——电厂或工业配电站消除空气污染的服务<br>——汽车尾气监测及控制系统或削减计划的实施 |
| D）土壤和水的恢复及清洁 | |
| 被污染土壤和水的处理和恢复 | ——定点或移动清洁系统，应急反应，泄漏和自然灾害的清洁和保养<br>——复原项目（例如矿山复垦）包括监测 |
| E）噪声和振动消除 | |
| 噪声消除服务 | ——监测，噪声消除系统和屏幕的安装 |
| F）生物多样性保护和景观 | |
| 自然和景观保护服务 | ——生态和栖息地保护<br>——保护森林和促进可持续林业 |
| G）其他环境和附属服务 | |
| 其他没有分类的服务 | ——其他环境保护服务<br>——与环境影响评价相关的服务 |

| 二、与环境相关的分部门分类 | |
|---|---|
| 有环境内容的商业服务 | |
| 建筑服务 | |
| 有费用发生或以合同为基础的有关再生利用的服务 | ——与再生利用有关的服务，例如塑料、纸张、玻璃、电池、铝和钢铁 |
| 有环境内容的 R&D | |
| 环境 R&D 服务 | |
| 有环境内容的咨询、合同和工程 | |
| 设计和工程 | ——例如污水处理厂的可行性研究及设计 |
| 教育培训及技术援助 | ——有关环境保护的培训课程或环境设施的运行和维护<br>——对职工的培训和承包人的培训 |
| 咨询服务 | ——环境咨询服务<br>——为旅游、运输、捕鱼、可持续土地利用提供的有关咨询服务 |
| 一体化的工程服务 | |
| 项目管理服务 | 例如污水处理设施的建筑监督 |
| 成分和纯度测试与分析服务 | ——包括可接受的环境测试服务<br>——既包括野外也包括实验室的测试服务 |
| 模拟 | ——污染物通过空气、水或土壤运动的计算机模拟<br>——为工程项目而制作的软件 |
| 监测和测试 | ——大气和水质监测 |
| 地下和地表的测量服务 | ——绘图<br>——使用全球定位系统（GPS） |
| 有环境内容的建筑服务 | |
| 防腐系统安装服务 | ——安装防腐槽及处置领域 |
| 建筑服务 | ——下水道的放置<br>——水管的放置<br>——处理厂的建筑<br>——填埋建筑 |
| 其他物品的安装服务 | ——用于污水处理设施设备的安装 |
| 绝缘服务 | |
| 有环境内容的分销服务 | |
| 废物、废料及其他可再生原材料的批发和零售贸易服务 | ——用于再生纸的销售<br>——用于循环的铝罐的销售 |
| 存储服务 | ——危险和非危险废物的储藏<br>——处置站的运行 |
| 有环境内容的运输服务 | |
| 各种陆路运输 | ——通过公路和铁路运输废材料 |
| 各种水路运输 | ——通过船只运输废材料 |
| 有环境内容的其他服务 | |
| 机器和设备的修理服务 | ——各种环境设备和设施的修理服务，例如水处理厂，废水处理厂，卫生填埋服务 |
| 城市规划服务 | |
| 其他 | ——公众意识计划 |

资料来源：WTO，Communication from the European Communities and their member states，S/CSS/W/38，December 2000.

## （五）美国对环境服务的定义和分类

美国将环境产业定义为所有与环境保护、环境评估、遵守环境法规、污染控制、废物管理、污染整治、环境资源的供给和输送相关的行业。环境产业按所提供的终端产品的不同划分为三类：环境服务、环境产品和环境资源，这三类又细分为 14 个子类（表 2.4）。

表 2.4　美国环境产业分类

| 分类 | 说明 | 主要需求方 |
|---|---|---|
| 环境服务 | | |
| 环境测试与分析服务 | 提供"环境样品"测试（土壤、水、空气和一些生物组织） | 受管制的工业企业、政府部门、环境顾问、危险废物及环境整治承包商 |
| 污水处理服务 | 居民、商业及工业用水的收集和处理 | 地方政府、商业机构及所有工业企业 |
| 固体废物管理 | 固体废物的收集、处理和处置 | 地方政府及所有工业企业 |
| 危险废物管理 | 管理持续的危险废物流，医疗废物、核废料处理 | 化工厂、石油公司、政府部门 |
| 清洁与环境修复服务 | 被污染地点、建筑的物理清理和作业场所的环境保洁 | 政府部门和物业业主 |
| 环境咨询与工程设计 | 工程设计、咨询、方案设计、评估、认证、项目管理、营运管理、监测等 | 工业部门、政府部门、废物管理企业 |
| 环境产品 | | |
| 水处理设备与化学制剂 | 为水和废水的输送、处理提供设备及设备维修 | 政府部门和所有的工业企业 |
| 仪器与信息系统 | 生产环境分析仪器（包括信息系统和软件） | 分析服务业、政府部门、受管制企业 |
| 大气污染控制设备 | 为大气污染控制（包括汽车尾气控制）提供设备和技术 | 公用事业、垃圾焚烧发电产业、汽车产业 |
| 废物管理设备 | 为固体、液体或危险废物的处理、贮存和运输提供设备 | 地方政府、发电行业、固体废物公司 |
| 清洁生产和污染预防技术 | 为生产过程中的污染预防和废物处理、回收提供设备和技术 | 所有工业行业 |
| 环境资源 | | |
| 水资源使用 | 向终端用户售水 | 居民户、政府、所有行业 |
| 资源回收 | 出售回收或转化自工业副产品或废旧物品及材料 | 地方政府、发电行业、固体废物公司 |
| 清洁能源 | 出售能源，提供太阳能、风能、地热、小规模水力发电系统，以及能源的高效利用 | 公用事业、所有的行业 |

资料来源：Environment Business International，Inc.，San Diego，California.

其中，环境服务包括 6 个子类：环境测试与分析服务、污水处理服务、固体废物管理服务、危险废物管理服务、清洁与环境修复服务、环境咨询与工程设计服务。环境服务所包含子类约占到环境产业 14 个子类的一半，环境服务的需求方既有政府也有私人部门。

## 二、不同环境服务分类方法的对比分析

以上几种环境服务分类，除美国外，既有共同之处，也有区别和差异。本部分主要分析前四种环境服务分类的共同点和不同点。

### （一）几种环境服务分类方法的共同点

表 2.5 是以欧盟环境服务分类为主线对四种环境服务分类所做的比较，其中字体为斜体的部分为四种环境服务分类的共同部分。四种环境服务分类共同的部分包括污水服务、废物处置服务、卫生及类似服务、大气污染控制服务、土壤和地下水及地表水的补救和清洁服务、噪声和振动消除、生态和景观保护服务及研发服务等。这些分类涵盖了 GATS 及 CPC 中对环境服务分类的所有内容，OECD/EUROSTAT 环境服务分类包括为具体环境介质所提供的绝大部分服务，以及欧盟环境服务分类中的绝大多数“核心”部分。欧盟环境服务分类中与环境服务相关的分类部分和 OECD/EUROSTAT 环境服务分类中为环境保护、污染控制及预防活动等提供的服务也大多相匹配。

表 2.5 几种环境服务分类共同点

| 欧盟 | OECD/EUROSTAT | GATS 和 CPC（暂定版） | CPC 1.0 |
|---|---|---|---|
| A）人类用水和废水管理 | | | |
| 通过管道进行的水的收集、净化和配送服务，不包括蒸汽和热水的相关服务 | 人类用水 | 18000 的部分内容 | 69210，86223，94900 部分 |
| *废水服务* | *污水服务* | *GATS 6A &D 9401，94010* | *9411，94110，94120* |
| B）固体/危险废物管理 | | | |
| *废物处置服务* | *废物处置服务* | *GATS 6B 94020* | *94211，94212，94221，94222* |

| 欧盟 | OECD/EUROSTAT | GATS 和 CPC（暂定版） | CPC 1.0 |
|---|---|---|---|
|  | 再循环服务 | GATS 1F 制造服务<br>GATS 4 分销服务<br>CPC 88493<br>CPC 62118，62278，62113，63299 | 86931，86392，61195，61295，62495，62595 |
| *卫生及类似服务* | *卫生及类似服务* | *GATS 6C*<br>*94030* | *94310，94390* |
| C）大气和气候保护 | | | |
| *削减废气和其他排放服务及改善空气质量* | *大气污染控制* | *GATS 6D 其他服务*<br>*94040* | *部分 94900* |
| D）土壤和水的恢复及清洁 | | | |
| *被污染土壤和水的处理和恢复* | *土壤、地表水和地下水的补救和清洁服务* | *GATS 6D 其他服务*<br>*部分 94060* | *部分 94900* |
| E）噪声和振动消除 | | | |
| *噪声消除服务* | *噪声和振动消除* | *GATS 6D 其他服务*<br>*94050* | *部分 94900* |
| F）生物多样性保护和景观 | | | |
| *自然和景观保护服务* | *生态系统和景观保护服务* | *GATS 6D 其他服务*<br>*部分 94060* | *部分 94900* |
| G）其他环境和附属服务 | | | |
| *其他没有分类的服务* |  | *部分 94090* | *部分 94900* |

资料来源：作者根据 WTO 秘书处文件 C/CSS/W/38 及 OECD 相关资料整理。

## （二）几种环境服务分类方法的不同点

对表 2.5 继续分析就会发现，四种环境服务分类还有很多不同。在 WTO 谈判中，环境服务的定义和分类仍在讨论之中，对环境服务分类方法的争论主要集中在以下三方面：W/120、CPC 中的环境服务内涵是否有必要扩展，欧盟“核心”和“簇”（分支）的环境服务分类方法是否合适；人类饮用水服务及废物循环利用是否可以纳入环境服务分类范畴。

### 1. W/120、CPC 中的环境服务内涵范围分析

W/120 和 CPC 很大程度上将环境服务视为公共设施服务，而且主要关注废物管理

和污染控制。

OECD 认为，W/120 的环境服务分类看似相当广泛，包括了基本的环境媒介——水、废物、大气和噪声以及其他未具体指明的“其他环境保护服务”，其他环境保护服务可能包括了许多活动，诸如水和大气质量监测、评价和模拟，生物和生态系统咨询、环境影响评价和审计、垃圾处置场的补救和恢复等。但事实上该分类相当狭窄：

第一，它依据具体的环境介质（水、固体废物、空气、噪声、土壤等）确定的服务条款不清晰。许多环境服务提供者常专用于一种或几种环境介质，并为这些环境介质提供综合服务，这样，如果主要环境介质与 W/120 的主要目录（污水、垃圾、卫生及其他服务）有一定相互关系，那么这种分类方法只能部分反映情况，例如，水管理、水净化、废水处理和水循环就会比污水服务更多体现出来。另外，W/120 的废物处置和卫生及类似服务类别的次级分类中，缺少固体废物管理这一比较重要的类别；相反，这些服务部分包含在 W/120 的其他地方。

第二，W/120 分类重点关注传统的“末端治理”方法，很少或几乎没有包含污染预防及可持续资源管理服务，结果，W/120 中就会“漏”掉一些关键服务，例如受污染的土壤和水生态系统的恢复，生态研究和咨询，可再生纸、塑料、玻璃及金属废物的收集，危险废物的收集和储存。

第三，W/120 包括了为设施、工厂、装备的运营所提供的服务，但不包括创造和更新它们的设计、工程、咨询服务，以及那些使其正常运作的工程、安装、建筑服务、技术测试和分析服务。

最近十几年，随着公众对环境管理和污染控制新规章的迫切需求及对环境事务私有化和自由化趋势的日益关注，环境服务的内涵有所变化。环境服务的内涵直接影响环境服务的分类方法，而环境服务的内涵是否有必要扩展值得分析和讨论。

### 2. 欧盟的环境服务分类方法分析

欧盟的分类类似于 OECD/EUROSTAT 分类，建议 WTO 谈判采用基于“核心”和“簇”的分类方法，认为这种分类方法增加了环境服务贸易自由化承诺的可能性。在此方法下，谈判不仅关注“核心”环境服务，而且还包括其他服务，如与环境相关的商业服务、研发服务、咨询、建筑和运输服务，并认为“内在相关的”服务对“核心”服务的传播非常关键。污水和废物处置方面的具体修改意见是：

- ❖ 更新“污水服务”，使其包括从人类用水到废水管理等所有的水服务（这里的废水管理包括生活污水、商业污水、工厂污水及其他污水的处理，废水中固体废物的过滤、处理、处置)。

❖ 更新“废物处置服务”，使其包括无毒及有毒固体废物管理服务（这里的废物管理包括各种允许的收集、处理和处置方式，例如焚烧、堆肥、填埋和循环服务，还包括收集、批发或零售再循环物质）。

尽管其他一些WTO成员也认为未列入环境服务名录中的服务可能与环境服务有密切关系，但“簇”的方法并没有获得WTO成员的广泛支持，例如古巴、新西兰和印度就提出了不同意见（WTO Secretariat，2001）。印度认为应依据现有的WTO/120环境服务分类进行谈判，反对重新进行环境服务分类。

#### 3. 人类用水服务、废物循环服务与环境服务关系分析

不管是环境服务内涵的拓展还是欧盟“核心”环境服务分类方法，争论焦点问题都是人类用水和废物再循环是否可以属于环境服务，这两个问题性质上都比较敏感，分别涉及社会公平和环境风险问题。

一些社会组织对此提出严厉批评，认为水的输送服务不应被放入WTO谈判中。虽然私有化和自由化可以提高效率，但除了西欧一些国家的水处理和净化完全私有化外，对一些国家而言，政府或公共部门对关键服务部门，例如饮用水的介入仍然非常重要。

同样，对有关固体废物的再循环来说，控制危险废物转移及其处置的《巴塞尔公约》对危险废物的国际贸易作出了国际法律规定。该公约的指导原则是通过鼓励危险废物就近处置以将其对环境和人类健康的影响降低到最小。它禁止附件Ⅶ国家（欧盟、OECD、列支敦士登）对非附件Ⅶ国家（其他公约缔约方）进行恢复和再循环的危险废物出口。

一些国家对这两类服务被列为环境服务明确反对：美国在其GATS服务最初出价中使用的是环境服务的广义分类，在其部门的具体承诺中没有包括“人类用水”和“废物再循环服务”（WTO Secretariat，2003）。换句话说，这两项没有被包括在环境服务中；印度也不同意这两个领域实施自由化，认为其应该采用环境服务的广义分类（WTO秘书处1998年提出的7个分部门的分类），而不采用1991年GATS的W/120分类。

## 三、中国环境服务的定义和分类

### （一）中国环境服务的定义和分类

中国将环境服务定义为与环境相关的服务贸易活动，具体分为环境技术服务、环境

咨询服务、污染设施运营管理、废旧资源回收处置、环境贸易与金融服务、环境功能及其他服务六类（表 2.6）。

表 2.6 中国环境服务业分类

| 具体类别 | 具体描述 |
| --- | --- |
| 环境技术服务 | 包括环境技术与产品的开发、环境工程设计与施工、环境监测与分析服务等 |
| 环境咨询服务 | 包括环境影响评价、环境工程咨询、环境监理、环境管理体系与环境标志产品认证、有机食品认证、环境技术评估、产品生命周期评价、清洁生产审计与培训、环境信息服务等 |
| 污染设施运营管理 | 包括水污染治理设施、空气污染治理设施、固体废物处理设施、噪声控制设施等的管理、运营和维护服务 |
| 废旧资源回收处置 | 包括废旧金属及制品、废旧造纸原料、废塑料、废旧化工制品、废木材、废包装物等废旧资源的回收处置 |
| 环境贸易与金融服务 | 包括环境相关产品的专业营销、进出口贸易、环境金融服务等 |
| 环境功能及其他服务 | 包括生态旅游、人工生态环境设计等 |

资料来源：环境服务业发展报告，国家环境保护总局，2006。

### （二）中国环境服务分类与国际环境服务分类的比较分析

从表 2.6 及以上分析可以看出，中国环境服务业的定义及分类与前面所提到的 CPC 分类、GATS 服务业分类、经济合作与发展组织和欧盟统计局分类、美国环境服务分类都不同，主要在于它没有根据环境要素进行次级分类，而是把所有服务活动放到交叉于所有环境要素、环境部门分类之下。这种分类与 CPC 1.0 分类、GATS 服务业分类相比，包括了环境贸易与金融服务以及概念性服务，如设计、工程和制造等，但不包括固体废物的收集服务（94211、94221）、清扫及铲雪服务（94310）等。与欧盟统计分类相比，它包括环境贸易与金融服务，但不包括废水与垃圾收集服务、地表水及地下水的净化服务、教育服务、土壤修复等。

## 四、小结

关于环境服务内涵及分类，有如下几个方面：

- ❖ 目前国际上没有环境服务的统一定义和分类，但对按环境要素开展分类有一定共识。

- 绝大多数的环境服务分类都包括污水处理服务和废物处置服务。
- WTO 谈判中的环境服务范围相对较小，例如污水处理服务仅包含生活污水处理服务，而不包括工业污水处理服务。
- 中国环境服务分类与国际上有非常大的区别，不是按环境要素进行分类，而是按服务方式进行分类。
- 国际上环境服务分类提出机构都是贸易或经济部门，例如 WTO，而非联合国环境规划署（UNEP），因此，环境服务分类更多的是贸易属性，或者是贸易自由化谈判的需要，并不是以环境管理和环境保护的需要为出发点。

# 第三部分　形势篇

随着全球环境污染逐渐恶化和全球气候变化谈判逐渐升温，全球经济增长趋于低迷和迟缓，世界各国开始把大力发展环境产品与服务作为新的经济增长点以及争夺国际竞争力的重要途径。在此种背景下，各种贸易组织或经济组织、双边贸易协定等，如 WTO、GPA、APEC、FTA，关于环境产品与服务的讨论越来越热烈，活动越来越频繁。

## 一、世界贸易组织（WTO）环境服务贸易谈判进展及分析

包括涉及环境服务贸易谈判的贸易与环境议题是WTO多哈回合谈判的唯一一个新议题。具体由两个委员会开展谈判：一个是贸易与环境委员会特会（CTESS）；另一个是服务贸易理事会特会（CTSSS）。另外，相关的还包括非农市场准入组（NAMA）等机构。根据授权，各相关委员会在环境服务贸易谈判中的分工如下：CTESS 负责环境货物与服务的定义与清单的谈判，NAMA 负责关税与非关税的削减谈判，包括环境服务贸易非关税壁垒的削减；CTSSS 负责进行服务贸易的相关谈判，包括环境服务贸易。

### （一）WTO 环境服务贸易谈判的进展及焦点问题分析

从 2001 年 3 月 28 日服务贸易委员会通过了《谈判的指南和程序》[①]开始，共有 7 份关于环境服务的提案（具体提案分析见表 3.1）。贸易和环境委员会中没有专门关于环境服务的提案，主要是环境产品和服务的提案。所提交的提案内容主要包括环境服务分类、相关的法律法规、削减环境服务贸易壁垒等问题。这些提案认为环境服务的日益自由化对促进环境保护和人类健康具有积极作用，认为要采取适当的国内规章，强调有潜在的“双赢”效果，尤其是对发展中成员。谈判的主要焦点如下：

第一，关于环境服务分类。7 个提案中有 5 个提案（美国、欧盟、加拿大、瑞士、澳大利亚）提到环境服务分类问题，他们认为 W/120 中的环境服务分类存有缺陷，没

① 提案编号 S/L/93。

有反映环境产业目前的状况。欧盟建议以环境介质（水、气、固体、噪声等）为基础对环境服务部门进行重新分类，具体包括 7 个分部门（Sub-sectors），其目的是确保对环境服务部门的全面覆盖。其他成员同样认为 W/120 分类存有不足，基本同意欧盟将环境服务分为 7 个分部门的建议，但对这 7 个分部门具体包括的内容有不同看法。除了没有包括水的分配以外，瑞士的提案内容与欧盟非常相近。挪威认为欧盟的分类较好地反映了贸易与环境关系，增加了成员具体承诺的可能性，认为环境服务自由化不应削弱政府制定环境规章的权力。墨西哥同意欧盟提出的 7 个分部门的提议，但认为应该明确 7 个分部门的内容。韩国认为 W/120 环境服务分类不合适，欧盟的提议是个很好的基础，同意哥伦比亚的看法，将环境管理体系的实施和审计、环境影响的评估和减缓也包括在分部门中，此外，韩国还认为环境服务谈判应有一个清单，还要考虑发展中成员的能力建设问题。哥伦比亚认为具体承诺应基于现有的环境服务分类，即 W/120 中的污染控制和废物管理分类，认为欧盟的分类是一个有用的基础，但还应包括环境管理体系的实施和审计、环境影响的评估和减缓、清洁技术的设计和实施。澳大利亚原则上支持欧盟的环境服务新分类，但认为应在三个领域做些调整：第一，废液泄漏及二次废物处理也应包括在内；第二，分类结构应被调整为容纳自然资源管理活动及卫生管理；第三，考虑对生物多样性及森林进行分别保护。此外，澳大利亚提出了核心（Core）分类与附属分类的观点，加拿大、欧盟、美国同意这一观点。印度反对澳大利亚提出的关于减让承诺中“簇”的方法。日本支持欧盟的环境服务分类，但指出应进一步反映水分配服务问题，认为核心环境服务应包括生物多样性保护、噪声消除及水的清洁等服务，还认为“簇”对谈判非常有益，但对如何具体操作不清楚。美国建议合成一个环境服务“核心”清单，该清单首先要包括当前的环境服务分类。此外，美国、欧盟和瑞士还建议，除了确定“核心”环境服务，该清单还要包括那些非环境本身，但对环境服务非常重要的服务，例如工程服务、研究与发展等。这些与环境相关的服务将被看作一类，作为“备忘录”（Aide-memoire）在谈判中运用。美国还认为对于“核心”环境服务，应减少或最终消除关税和非关税壁垒；对于非核心部分的环境服务分类，各成员可根据自己的情况在关税及非关税壁垒削减和取消方面有一定灵活性。

第二，关于环境服务贸易壁垒。在环境服务谈判中，发达成员大都涉及环境服务贸易壁垒。大多数成员认为消除环境服务贸易壁垒应重点关注《服务贸易总协定》（GATS）中服务贸易提供模式 3（商业存在）和模式 4（自然人移动）的市场准入及国民待遇。瑞士认为，随着对咨询和工程服务重要性的关注，模式 4 变得越来越重要。具体的环境服务贸易壁垒，主要集中在透明程序、许可、经济需求测试等，但不同成员有不同理解。

欧盟认为环境服务贸易壁垒主要包括：垄断和专营服务问题、法律实体的存在形式问题、对外国公司实体及投资的限制问题、不明确的许可和同意要求（Unspecified Licensing and Approval Requirements）问题、不明确的经济需求测试问题、居住期限及国籍要求、对主要人员流动的限制等问题。加拿大认为突出的限制措施有规章体制及惯例、投资等缺乏透明，服务管理者的进入和停留问题，专家和许可要求等。瑞士认为突出的限制措施有合资要求、经济需求测试、许可要求等。澳大利亚认为主要表现在以下方面：法律实体问题、环境执法问题、歧视问题、税收问题、投资限制问题、所有权问题等。

第三，关于能力建设和技术转让。发展中国家则强调发展中国家的能力建设、技术转让、可持续发展等问题是保障环境服务谈判结果的重要因素。哥伦比亚和古巴都认为谈判必须考虑成员的不同发展水平。古巴在提案中还明确提出环境服务贸易自由化过程必须有助于发展中国家的经济增长，而且环境服务贸易谈判从一开始就必须考虑发展中国家的可持续发展需求，建议环境服务市场准入谈判必须保证：1）真正的技术转让；2）核心技术和技术诀窍的转让；3）提高国家的技术能力，包括人员和制度两方面的能力；4）具体承诺应保证发展中国家采取有利于自身的服务提供模式出口服务。

表 3.1 CTSSS 关于环境服务的提案分析

| 国家 | 日期和提案号 | 观点和立场 |
| --- | --- | --- |
| 美国 | 2000.12.18<br>S/CSS/W/25 | 1．认为环境服务贸易自由化可以增加服务的贸易机会，同时能降低成本，尤其对发展中成员有利<br>2．认为 WTO 当前的环境服务分类（W/120 环境服务分类，包括：污水处理、废物处置、卫生及类似服务、其他服务四种环境服务）有如下缺陷：首先，它没有考虑该部门如何进行商业运营；其次，它也没有体现出成本有效理论的优势，例如该分类只关注末端的清洁服务，而没有将重点放到污染预防的工程和设计上；最后，建议重新构架一个环境服务分类，该分类应既包括当前的分类，又包括与环境相关的服务，如建筑、工程和咨询等<br>3．建议环境服务谈判的首要目标应是像 GATS 中所解释的那样，去分析关于市场准入及国民待遇壁垒中自由化的机会，应主要关注 GATS 模式 3（商业存在）和模式 4（自然人移动），也要关注专业服务及商业服务（例如广告）的壁垒，同时认为透明度问题也很重要<br>4．认为环境服务自由化不会削弱政府进行环境服务的相关能力 |

| 国家 | 日期和提案号 | 观点和立场 |
| --- | --- | --- |
| 欧盟 | 2000.12.22<br>S/CSS/W/38 | 目的是使参加谈判的 WTO 成员将贸易壁垒减少到最小程度，同时增加自由化范围<br>1. 提出建立“核心”（Core）环境服务新分类，包括 7 个分部门：人类用水或废水管理；固体/危险废物管理；大气和气候保护；土壤或水的清洁与恢复；噪声或振动的消除；生物多样性和景观服务；其他环境服务<br>2. 由于纯粹的（Purely）环境性质，因此该分类不包括概念性服务，如设计、工程、R&D 和咨询服务，因为这些服务在 GATS 其他分类中有所体现。但其中一些服务的确有最终用于环境的性质，因此，欧盟建议将这些服务归总成一个特别的“簇”（Cluster）或“清单”（Checklist），在其他部门谈判中，这些服务被用作备注，承诺或减让时按其他服务部门来定而不是按环境服务来定<br>3. 建议服务贸易理事会特会，不论是委员会还是附属机构，应着手进行环境服务的谈判<br>4. 认为环境服务贸易自由化壁垒主要包括：垄断和专营提供服务问题、法律实体的存在形式问题、对外国公司实体及投资的限制问题、不明确的许可和同意要求问题、不明确的经济需求测试问题、居住期限及国籍要求、对主要人员流动的限制等问题。但总体上，欧盟对 WTO 成员能够充分减少服务贸易壁垒充满信心 |
| 加拿大 | 2001.3.14<br>S/CSS/W/51 | 1. 认为技术测试和分析服务、科技咨询服务、工程服务和建设服务等对环境服务非常重要<br>2. 认为具体承诺委员会关于相对于“簇”（Cluster）的“核心”（Core）环境服务的讨论应首先关注环境服务的分类，对于簇的讨论对确认现有 W/120 中相关的环境服务分类非常重要。列入“簇”中的环境服务应在谈判中被作为“清单”（Checklist）<br>3. 认为环境服务自由化对许多的产品和服务产业极其重要。目前环境服务贸易自由化的目标应是减少或消除国民待遇壁垒和市场准入壁垒，并拓宽承诺的相关范围。最突出的限制措施有：规章体制及惯例、投资等缺乏透明，服务管理者的进入和停留问题，专家和许可要求等 |

| 国家 | 日期和提案号 | 观点和立场 |
| --- | --- | --- |
| 瑞士 | 2001.5.4<br>S/CSS/W/76 | 1．关于环境服务分类问题，瑞士认为具体承诺委员会（CSC）对环境服务分类的讨论非常有意义。当前的环境服务分类（W/120）不适应当前的现状，环境服务应不仅包括清除污染活动而且包括与环境相关的生产活动。基本同意欧盟的环境服务分类，但同时认为，为了适应环境服务与其他服务活动不断一体化的状况，应建立一个合适的体系，使 WTO 成员能在以下领域作出具体承诺：与环境相关的专业服务、与环境相关的研究与开发服务、与环境相关的咨询、转包合同及工程服务、与环境相关的建筑服务<br>2． 认为环境服务贸易自由化的最大壁垒是建立商业存在及雇佣本国（Nationals of a Company's Home Country）员工的水平限制，一般性投资机制对市场准入条件也有大量影响，除此之外，对外资的限制、对填埋和处理系统所有权或机构形式（Form of Establishment）的限制、合资要求、经济需求测试、许可要求等也是限制环境服务贸易自由化的内容<br>3．作为当前谈判的目标，瑞士希望减少对环境服务供应者的商业存在的限制，拓宽模式 3 和模式 4 在市场准入及国民待遇方面的具体承诺。随着对咨询和工程服务重要性的关注，模式 4 变得越来越重要 |
| 澳大利亚 | 2001.10.1<br>S/CSS/W/112 | 本提案的目标是关注环境服务分类及市场准入问题<br>1．关于分类问题，建议修改 W/120 的环境服务分类，使其包括更多的内容。原则上赞成欧盟以环境介质为基础的环境服务分类，认为这样可以避免重复，而且这些环境服务应毫无争议地被作为“纯的”环境服务分类。认为将大量服务类型从环境服务中剥离出去的工作应保持透明，不过，基于末端使用进行剥离的方法并不可行<br>2．澳大利亚环境服务出口在市场准入方面遇有如下障碍，认为 WTO 服务谈判中应予以强调：1）对法律实体种类要求的限制（例如对分公司数目和地点的限制、要求与当地企业进行合资的要求等）、不透明的许可程序及申请和通知程序的复杂和缓慢、严格的商业惯例及松散的竞争法律；2）环境执法过程存在矛盾和武断；3）对外国公司存有歧视行为（例如征收高注册费、正式申请过程缺乏透明）；4）有利于国内公司的税收歧视；5）对外国投资的限制（例如限制其股金水平）；6）对特定资产的所有权进行限制（例如垃圾填埋及污水处理系统）<br>3．建议：1）拓宽环境服务部门分类，使 WTO 环境服务分类与当前服务贸易惯例保持一致，并且使用新的部门分类进行环境服务谈判；2）审查任何商业存在限制，消除那些不必要的障碍；3）确保 GATS 第 1 条 3（a）执行，特别是所有层次上（包括中央政府和地方政府）政府许可和所有权的规章制度是透明的 |

| 国家 | 日期和提案号 | 观点和立场 |
| --- | --- | --- |
| 哥伦比亚 | 2001.11.27<br>S/CSS/W/121 | 1. 认为环境服务部门自由化具体承诺要考虑成员的发展水平<br>2. 为使国际服务贸易更平衡，建议发达成员需要在自然人移动的市场准入方面做出具体承诺，以保证环境服务的采购能在国际层次上进行<br>3. 关于可以从另一成员获得环境服务的问题，建议相关机构在教育、经验和考试要求平等的基础上考虑职业资格问题<br>4. 建议环境服务谈判要有一个最初的谈判名录，认为欧盟的环境服务分类提供了一个有用的基础，建议新的环境服务分类应包括：环境管理体系的执行和审计；环境影响的评估和减缓；清洁技术的设计和实现 |
| 古巴 | 2002.3.22<br>S/CSS/W/142 | 1. 认为谈判必须要考虑成员发展的不同水平，并且促进自由化进程<br>2. 认为只有实施差别待遇，环境服务贸易自由化才能加强发展中成员的国内服务供应商的能力。必须消除由获得技术困难而引起的技术差距所造成的质量劣势（Qualitative Disadvantages）<br>3. 认为环境服务贸易自由化过程必须有助于发展中成员的经济增长<br>4. 认为环境服务贸易谈判从一开始就必须考虑发展中成员的可持续发展需求<br>5. 认为环境服务贸易谈判应该保证 WTO 成员制定规章的权力。由于环境服务业的战略属性，发展中成员的承诺应基于采取最合适的环境政策的权力<br>6. 认为国家能力建设是保障环境服务谈判结果的重要因素，因此，建议市场准入谈判必须保证：1）真正的技术转让；2）相关技术诀窍的转让；3）加强国家的技术创新能力，包括人员和机构两方面的能力；4）具体承诺应保证发展中成员按照有利于自身的服务供应模式进行出口 |

资料来源：作者搜集整理。

尽管环境服务贸易谈判在 WTO 多哈谈判开始曾一度“热闹”，但由于意见分歧太大以及问题复杂等原因，环境服务贸易谈判实质上并没有任何进展，此后到 2009 年基本停滞。

### （二）WTO 成员环境服务贸易自由化承诺的分析

至 2010 年，共 59 个成员在环境服务部门的至少一个分部门做出具体承诺[①]。尽管大部分成员没有做出环境服务方面的承诺，但已做出承诺的成员国内生产总值约占全部

① 这里欧盟作为一个成员。

成员国内生产总值的90%以上①。与旅游、金融、电信等其他服务部门相比，环境服务贸易自由化的限制非常有限，而且，作出承诺成员的实际政策比具体承诺更开放。

### 1．各个分项目承诺总体上比较平均

从这 59 个成员承诺情况看，各个分行业部门的承诺总体比较平均。在 7 个环境服务分部门中，作出承诺成员数最多的为卫生及类似服务，59 个中有 51 个作出了承诺，占 85%；最少的是其他环境服务中的其他环境保护服务，在这个分部门中也有 39 个成员作出了相应承诺，二者差别不大。其他分行业部门作出承诺的成员数目分别为：污水处理服务和废物处置服务都各有 49 个成员作出承诺，其他环境服务中废气消除服务有 46 个成员作出承诺，噪声消除服务有 45 个成员作出承诺，自然和风景保护服务有 44 个成员作出承诺。总体看来，前三种环境服务的分行业承诺幅度较大，而最后一个其他环境服务承诺幅度较小，其包含的四类分行业部门的承诺幅度均没有前面三个分部门承诺幅度高，见表 3.2。

表 3.2　WTO 成员关于环境服务贸易的具体承诺

| 成员 | 废水处理服务 | 废物处置服务 | 卫生及类似服务 | 其他服务 | | | |
|---|---|---|---|---|---|---|---|
| | | | | 废气清除服务 | 噪声消除服务 | 自然与景观保护 | 其他 |
| 阿尔巴尼亚 | X | X | X | X | X | | |
| 亚美尼亚 | X | X | X | X | X | X | |
| 澳大利亚 | X | X | X | | | | |
| 奥地利 | X | X | X | X | X | X | X |
| 保加利亚 | X | X | X | X | X | X | |
| 柬埔寨 | X | X | X | X | X | X | X |
| 加拿大 | X | X | X | X | X | X | X |
| 佛得角 | X | X | X | X | X | X | X |
| 中非 | | | | | | | X |

① 据已有资料估算。乌拉圭回合谈判结束以后，38 个在环境服务贸易方面提出承诺的成员国内生产总值约占全部成员国内生产总值的 86%。

| 成员 | 废水处理服务 | 废物处置服务 | 卫生及类似服务 | 其他服务 | | | |
|---|---|---|---|---|---|---|---|
| | | | | 废气清除服务 | 噪声消除服务 | 自然与景观保护 | 其他 |
| 中国 | X | X | X | X | X | X | X |
| 中国台北 | X | X | X | X | X | X | X |
| 哥伦比亚 | | | | | | X | X |
| 克罗地亚 | X | X | X | X | X | X | X |
| 捷克人民共和国 | X | X | X | | | | |
| 厄瓜多尔 | X | X | X | X | X | X | X |
| 萨尔多瓦 | | | | X | X | X | X |
| 爱沙尼亚 | X | X | X | X | X | X | X |
| 欧盟 | X | X | X | X | | X | X |
| 芬兰 | | X | | X | X | X | X |
| 马其顿 | X | X | X | X | X | X | |
| 冈比亚 | X | | X | | | | |
| 乔治亚 | X | X | X | X | X | X | X |
| 几内亚 | X | | X | | | | |
| 匈牙利 | | X | X | | | | |
| 冰岛 | X | X | X | X | X | X | X |
| 以色列 | X | X | X | X | X | | |
| 日本 | X | X | X | X | X | X | X |
| 约旦 | | | X | X | X | | X |
| 韩国 | X | X | | X | X | X | X |
| 科威特 | X | X | X | | | | |
| 吉尔吉斯斯坦 | X | X | X | X | X | X | X |

| 成员 | 废水处理服务 | 废物处置服务 | 卫生及类似服务 | 其他服务 | | | |
|---|---|---|---|---|---|---|---|
| | | | | 废气清除服务 | 噪声消除服务 | 自然与景观保护 | 其他 |
| 拉脱维亚 | X | X | X | X | X | X | X |
| 立陶宛 | X | X | X | X | X | X | X |
| 莱索托 | X | X | X | X | X | X | |
| 列支敦士登 | X | X | X | X | X | X | X |
| 摩尔多瓦 | X | X | X | X | X | X | X |
| 摩洛哥 | X | X | X | X | X | X | X |
| 尼泊尔 | X | X | X | | | | |
| 挪威 | X | X | X | X | X | X | X |
| 阿曼 | X | X | X | X | X | X | X |
| 巴拿马 | | | | X | X | X | |
| 波兰 | | | | X | X | | |
| 卡塔尔 | X | X | X | X | X | X | X |
| 罗马尼亚 | | | | X | X | X | X |
| 卢旺达 | | | X | | | | |
| 沙特阿拉伯 | X | X | X | X | X | X | X |
| 塞拉利昂 | X | X | X | X | X | X | X |
| 斯洛伐克 | X | X | X | | | | |
| 斯洛文尼亚 | X | X | X | | | X | |
| 南非 | X | X | X | X | X | X | |
| 瑞典 | X | X | X | X | X | X | X |
| 瑞士 | X | X | X | X | X | X | X |
| 泰国 | X | X | X | X | X | X | X |

| 成员 | 废水处理服务 | 废物处置服务 | 卫生及类似服务 | 其他服务 | | | |
|---|---|---|---|---|---|---|---|
| | | | | 废气清除服务 | 噪声消除服务 | 自然与景观保护 | 其他 |
| 汤加 | X | X | X | X | X | X | X |
| 土耳其 | X | X | X | | | | |
| 乌克兰 | X | X | X | X | X | X | X |
| 阿拉伯联合酋长国 | X | X | X | X | X | X | X |
| 美国 | X | X | X | X | X | X | X |
| 越南 | X | X | X | X | X | X | X |
| 总计 | 49 | 49 | 51 | 46 | 45 | 44 | 39 |

注："X" 为具体承诺。

资料来源：作者根据 WTO 秘书处资料（S/C/W/46）及 WTO 成员服务承诺减让表整理。

### 2. 各服务提供模式差别较大

从服务提供模式分析，各成员对不同服务提供模式的承诺水平差异较大。环境服务部门提供模式中商业存在和自然人移动最多。跨境交付和境外消费相对有限。这些模式被反映在成员承担的具体承诺中：对模式 1 跨境交付，承诺成员选择完全承诺（没有限制）、部分承诺、不作承诺的比例相当[①]，部分原因是一些成员认为它的技术不可行；对模式 2 境外消费，承诺成员绝大多数选择完全承诺；对模式 3 商业存在，承诺成员大多选择完全承诺或部分承诺；对模式 4 自然人移动，承诺成员大多选择与水平承诺相同。

### 3. 环境服务贸易逐渐呈开放趋势

在乌拉圭回合谈判中，与其他部门相比，环境服务承诺相对较少。而在 2000 年 1 月新一轮服务贸易谈判开始后或环境服务贸易谈判开始后，新加入 WTO 的国家或经济体对环境服务贸易自由化都进行了承诺，而且承诺开放的程度也大大增加。以

① 完全承诺指完全开放，没有任何限制（None）；部分承诺指开放，但有一定限制条件；不作承诺指不予以开放（Unbound）。

污水处理服务为例，对模式 1 承诺全部开放的占 64%，对模式 2 承诺全部开放的占 100%，对模式 3 承诺全部开放的占 79%。另外，有 36 个成员（欧盟作为一个）提出对环境服务贸易制定最初出价单，10 个成员新增加了对环境服务贸易的承诺，6 个成员对以前的承诺水平作了改善。从内容上看，增加了 20 多个新的承诺，改进了 20 多个承诺。

## （三）我国在 WTO 环境服务贸易谈判中的作用

作为 WTO 新成员，我国从多哈谈判开始一直积极参与 WTO 环境服务贸易谈判，并发挥积极作用[①]。

### 1. 积极参加相关谈判

我国参加 WTO 环境与贸易委员会历次会议及服务贸易委员会相关会议。在讨论中积极发言并提交相关提案，引导谈判进程。例如，2011 年 1 月 10—14 日，WTO 贸易与环境委员会在日内瓦召集举行了贸易与环境谈判特会和小范围磋商，包括我国在内的约 30 个 WTO 成员受邀参加小范围磋商。此次小范围磋商专门安排了半天的时间讨论环境服务，澳大利亚、新西兰、欧盟、加拿大、新加坡、墨西哥、沙特阿拉伯等成员发言强调环境服务贸易自由化的重要性且贸易与环境委员会具有相应的谈判授权，要求在今后的贸易与环境委员会谈判中加强对环境服务的讨论。我国和厄瓜多尔指出了新成员普遍在环境服务上做出了广泛承诺，应在今后谈判中纳入考虑。

### 2. 积极主动提交相关提案

在 WTO 环境服务贸易谈判中，我国不仅积极参与讨论和谈判，而且积极主动提交相关提案，推动谈判进程。例如，2011 年 4 月 15 日，为反映发展中成员在 WTO 环境产品与服务谈判中的诉求，我国和印度联合向 WTO 秘书处提交了名为“解决发展问题，实现三赢目标”的提案[②]。该提案主要包括以下四方面的内容：

**（1）环境产品与服务谈判中的总体发展问题**

在提案中，我国和印度指出，为了满足发展中成员和最不发达成员的发展需求，解决发展问题，需要确保这些成员能获取环境友好型技术。提案援引了 2009 年联合国经济和社会的调查，认为发展中国家需要资金支持、技术知识和能力建设，以获得在环境

① 资料来源：万怡挺，商务部世界贸易组织司。

② 提案编号 TN/TE/W/79。

问题上的可持续发展。

提案指出，解决发展问题主要应包括三个要素：确保建立环境友好型技术的开发和转让机制；确保建立环境友好型技术的准入和开发、环境规划项目的投资以及环境相关产品的资本投入的财政机制；实施对发展中成员和最不发达成员的特殊和差别待遇。

（2）**技术发展和转让**

环境友好型技术的有效开发和转让需要成员方切实的承诺。发达成员转让技术义务的承诺细节和工作规划需要改进，包括为获取专利保护技术及非专利保护技术提供资金的承诺。中国和印度认为，发达国家需做出足够的承诺，避免知识产权成为技术转让的障碍。在这方面，需要制定条款以保证成员司法管辖下的私人企业不能滥用他们在技术上的所有权，拒绝他人获取这项技术。同时获取技术的条件也要合情合理制定。为使承诺生效，尤其是对WTO成员所需的关键环境友好技术，需考虑允许强制许可这些技术向其他成员出口。多哈公共健康宣言为这种机制提供了很好的示范。同时，在环境产品与服务的框架下，应明确制定以下目标：共同合作研究和开发环境友好技术，共同享有新开发技术的专利权，提高发展中成员和最不发达成员开发和运用这些技术的能力，确保有效的技术转让和应用。我国和印度还强调，技术转让包括不同所有者，如政府、私人企业、财政机构、非政府组织和研究/教育机构之间的技术知识、经验和设备流动。技术知识是技术至关重要的一部分，技术援助和能力建设亦是技术开发和转让中不可或缺的环节。由于大部分环境友好型技术由私人企业所掌控，因此还需要探讨和落实技术转让的创新方法。在这方面，也可借鉴《联合国气候变化框架公约》设计的气候技术中心和网络的建议，作为方法之一落实技术转让的承诺。

（3）**财政机制**

我国和印度已经意识到，技术发展和转让与良好的财政机制紧密相连，因为技术发展和转让需要足够的资金支持。它们指出，财政资源关于确保发展中国家和最不发达国家在实践环境友好型技术时采取对环境无害的方式来谋求发展的承诺，是发展范畴的一个内在组成部分。增加在环境友好型技术的发展和转让以及环境项目上的公共和私人投资，以及探索获得这些资金的方法是必须被解决的关键问题。研究发现，无论是否受到知识产权的保护，环境友好型技术的高价格使得其实现受到抑制。因此，健全有效的财政机制成为确保环境友好型技术转移和有效实现的最关键因素。为了解决发展方面的财政问题，我国和印度提出，成员们应该考虑创建一个贸易与环境基金组织。该组织应具备如下目标：通过许可制度和其他机制，对获取专利和非专利环境技术产生的边际成本提供资金资助，以合理的价格促进环境友好型技术的转移；给引进特定环境友好型技术的发展中国家提供保证金；给发展中国家通过现有的生产设备采纳和实施环境友好型技术所导致的生产成本的变化提供资金；对研究与开发活动（包括联合研究、发展和示范项目）进行融资；对适当的环境技术支持和能力建设项目进行融资；建立与相关的多边环境条约秘书处磋商与合作的技术转让中心/交易所/机制。

（4）**特殊和差别待遇**

我国和印度在提案中一再强调，特殊和差别待遇在环境产品与服务的任何讨论中都是不可缺少的一个部分。这包括给发展中国家和最不发达国家的成员们提供差异性的和更加优惠的待遇，并且考虑他们的特殊发展、财政情况和贸易需求。阿根廷和巴西在之前的提案中已经提出特殊和差别待遇是环境产品与服务谈判的一部分这个原则，而我国和印度的这个提案则试图把之前提案中的一些重点内容补充得更加详细和具体。提案指出，特殊和差别待遇的有效实施意味着发展中成员和最不发达成员做出并不完全互惠的承诺，包括更少减让以及一定数量产品的例外等内容。任何削减关税的行为都应该与发展中国家的经济发展水平、国家目标和发展需求相一致。同时也应该设立充足的过渡期以便使发展中成员和最不发达成员分阶段履行义务。在提案中，我国和印度认为应该逐步建立一个通知贸易与环境委员会发达成员技术转让和技术/财政援助项目实施情况的机制。在环境产品与服务框架下，发展中成员和最不发达成员承诺的履行与发达成员对它们的有效的技术转让和援助紧密联系。

### 3. 对环境服务市场开放作出承诺

我国在加入 WTO 时承诺开放环境服务市场（表 3.3），其中的分类采用联合国中心产品（CPC）分类中的环境服务清单。包括 7 类：污水处理服务（CPC 9401）、固体废物处置服务（CPC 9402）、卫生及类似服务（CPC 9403）、废气清理服务（CPC 9404）、噪声消除服务（CPC 9405）、自然和风景保护服务（CPC 9406）、其他环境保护服务（CPC 9409）。在环境服务领域的具体承诺包括：开放除环境质量监测和污染源检查外的全部 7 类环境服务市场；通过跨境交付模式提供的服务除环境咨询外不做承诺；通过商业存在模式提供服务的外国服务提供者仅限于以合资企业形式从事环境服务，但允许外资拥有多数股权；对于境外消费模式的服务提供不做任何限制；对于自然人移动模式的外国服务提供者按水平承诺中的条款提供相应居留权限，其他不做承诺。

表 3.3 中国加入 WTO 时环境服务贸易具体承诺减让表

| 环境服务<br>（不包括环境质量监测和污染源检查） | 市场准入限制 | 国民待遇限制 | 其他承诺 |
| --- | --- | --- | --- |
| A．污水处理服务（CPC 9401）<br>B．固体废物处置服务（CPC 9402）<br>C．废气清理服务（CPC 9404）<br>D．噪声消除服务（CPC 9405）<br>E．自然和风景保护服务（CPC 9406）<br>F．其他环境保护服务（CPC 9409）<br>G．卫生及类似服务（CPC 9403） | （1）除环境咨询服务外，不作承诺<br>（2）没有限制<br>（3）允许外国服务提供者仅限于以合资企业形式从事环境服务，允许外资拥有多数股权<br>（4）除水平承诺中内容外，不作承诺 | （1）没有限制<br>（2）没有限制<br>（3）没有限制<br>（4）除水平承诺中内容外，不作承诺 | |
| 服务提供方式：①跨境交付 ②境外消费 ③商业存在 ④自然人移动 | | | |

资料来源：中国加入 WTO 承诺书。

## 二、政府采购协定（GPA）环境服务贸易谈判进展及分析

GPA 目前有 15 个成员（这里将欧盟 27 个成员算作一个 GPA 成员），包括美国、欧盟、日本、加拿大、冰岛、瑞士、中国香港、中国台北、列支敦士登、挪威、韩国、以色列、荷属阿鲁巴、新加坡、亚美尼亚、阿尔巴尼亚、中国、格鲁吉亚、吉尔吉斯斯坦、约旦、摩尔多瓦、阿曼、巴拿马、乌克兰等国正处于实质性谈判中。此外，克罗地亚、马其顿、蒙古和沙特阿拉伯等国正在承诺加入。

近年来，GPA 作为国内经济管理和国际经济交往的重要政策工具，已成为 WTO 谈判和国际经济关系的中心议题。同时，随着欧美经济金融危机的出现，新兴经济体基础设施投资的加大，政府采购的重要性日益增加，政府采购在经济活动中的地位越来越突出，GPA 被看作是出口经济体保证市场准入的主要“保险政策”。随着全球环境保护力度的加大，环境污染治理需求加大，GPA 谈判中环境服务谈判逐渐受到关注并成为发达成员对发展中成员的主要要价。

### （一）环境服务是 GPA 参加方普遍开放部门

尽管与工程和货物相比，参加方的服务开放程度总体偏低，但 GPA 成员环境服务开放程度相对较高。到目前为止，除荷属阿鲁巴、新加坡外，其余 13 个 GPA 成员都对环境服务政府采购做出开放承诺，从开放具体部门来看，绝大多数 GPA 参加方

开放环境服务所有部门，但是，也有的排除了部分项目，例如韩国对污水处理服务和废物处置服务的开放仅限定为工业领域，台澎金马特别关税区排除了自然和景观保护服务（CPC 9406），中国香港排除了其他环境保护服务（CPC 9409），表 3.4。

表 3.4　GPA 参加方环境服务出价

| 序号 | 国家 | 门槛价 | 开放范围 |
|---|---|---|---|
| 1 | 美国 | 中央实体：13 万 SDRs<br>次中央实体：35 万 SDRs<br>其他实体：25 万 SDRs（清单 A 实体）<br>40 万 SDRs（清单 B 实体） | 采用排除法，环境服务开放 |
| 2 | 欧盟 | 中央实体：13 万 SDRs<br>次中央实体：20 万 SDRs<br>其他实体：40 万 SDRs | （94）污水处理服务和废物处置服务（Sewage and Refuse Disposal）<br>卫生及类似服务（Sanitation and Similar Services） |
| 3 | 日本 | 中央实体：10 万 SDRs<br>次中央实体：20 万 SDRs<br>其他实体：13 万 SDRs | （94）污水处理服务和废物处置服务（Sewage and Refuse Disposal）<br>卫生及其他环境保护服务（Sanitation and Other Environmental Protection Services） |
| 4 | 加拿大 | 中央实体：13 万 SDRs<br>次中央实体：35.5 万 SDRs<br>其他实体：35.5 万 SDRs | （940）污水处理服务和废物处置服务（Sewage and Refuse Disposal）<br>卫生及类似服务（Sanitation and Similar Services） |
| 5 | 冰岛 | 中央实体：13 万 SDRs<br>次中央实体：20 万 SDRs<br>其他实体：40 万 SDRs | （94）污水处理服务和废物处置服务（Sewage and Refuse Disposal）<br>卫生及类似服务（Sanitation and Similar Services） |
| 6 | 瑞士 | 中央实体：13 万 SDRs<br>次中央实体：20 万 SDRs<br>其他实体：40 万 SDRs | （94）污水处理服务和废物处置服务（Services and Refuse Disposal）<br>卫生及类似服务（Sanitation and Similar Services） |
| 7 | 列支敦士登 | 中央实体：13 万 SDRs<br>次中央实体：20 万 SDRs<br>其他实体：40 万 SDRs | （94）污水处理服务和废物处置服务（Sewage and Refuse Disposal）<br>卫生及类似服务（Sanitation and Similar Services） |

| 序号 | 国家 | 门槛价 | 开放范围 |
| --- | --- | --- | --- |
| 8 | 挪威 | 中央实体：13 万 SDRs<br>次中央实体：20 万 SDRs<br>其他实体：40 万 SDRs | （94）污水处理服务和废物处置服务（Sewage and Refuse Disposal）<br>卫生及类似服务（Sanitation and Similar Services） |
| 9 | 韩国 | 中央实体：13 万 SDRs<br>次中央实体：20 万 SDRs（A 组）<br>40 万 SDRs（B 组）<br>其他实体：40 万 SDRs | 9401 污水处理服务（仅限工业废水的收集和处理服务）（Refuse Water Disposal Services）（only collection and treatment services of industrial waste water）<br>9402 工业固体废物处理服务（仅限工业废物的收集、运输和处理服务）（Industrial refuse disposal services）（only collection，transport and disposal services of industrial refuse）<br>9404、9405 废气的清除服务和消声服务（建筑工程服务以外的服务）（Cleaning Services of Exhaust Gases and Noise Abatement Services）（services other than construction work services）<br>9406、9409 环境检验和评估服务（仅限环境影响评估服务）（Environmental testing and assessment services）（only environmental impact assessment services） |
| 10 | 以色列 | 中央实体：13 万 SDRs<br>次中央实体：25 万 SDRs<br>其他实体：35.5 万 SDRs | （94）污水处理服务和废物处置服务（Sewage and Refuse Disposal）<br>卫生及类似服务（Sanitation and Similar Services） |
| 11 | 中国香港 | 中央实体：13 万 SDRs<br>次中央实体：无<br>其他实体：40 万 SDRs | 9401 污水处理服务（Sewage Services）<br>9402 废物处置服务（Refuse Disposal Services）<br>9403 卫生及类似服务（Sanitation and Similar Services）<br>9404 废气清除服务（Cleaning Services of Exhaust Gases）<br>9406 自然和景观保护服务（Nature and Landscape Protection Services） |

| 序号 | 国家 | 门槛价 | 开放范围 |
|---|---|---|---|
| 12 | 台澎金马特别关税区 | 中央实体：13 万 SDRs<br>次中央实体：20 万 SDRs<br>其他实体：40 万 SDRs | 9401 污水处理服务（Sewage Services）<br>9402 废物处置服务（Refuse Disposal Services）<br>9403 卫生及类似服务（Sanitation and Similar Services）<br>9404 废气清除服务（Cleaning Services of Exhaust Gases）<br>9405 噪声消除服务（Noise Abatement Services）<br>9409 其他环境保护服务（Other Environmental Protection Services Not Elsewhere Classified） |
| 13 | 荷属阿鲁巴 | 中央实体：10 万 SDRs<br>次中央实体：无<br>其他实体：40 万 SDRs | 全部不开放 |
| 14 | 新加坡 | 中央实体：13 万 SDRs<br>次中央实体：无<br>其他实体：40 万 SDRs | 全部不开放 |
| 15 | 亚美尼亚 | 中央实体：13 万 SDRs<br>次中央实体：20 万 SDRs<br>其他实体：40 万 SDRs | 环境服务开放 |

注：①SDRs 是指国际货币基金组织的国际收支特别提款权，相当于 0.888g 黄金价。

### （二）环境服务政府采购市场开放是 GPA 谈判中各成员对我国的主要要价

2001 年 12 月，中国承诺将加入 GPA 作为我国加入 WTO 的一项关键要素。2002 年 2 月，我国成为 GPA 观察员；2007 年 12 月，我国提交加入 GPA 申请及首份出价清单，标志正式谈判进程开始；2011 年提交第三次改进出价。我国加入 GPA 需完成两方面任务：一是承诺出价范围；二是国内相关立法改革。

从 GPA 各成员对我国要价来看，截至 2012 年 8 月，GPA 15 个成员中，美国、欧盟、日本、瑞士、挪威、新加坡 6 个参加方对我国提出开放环境服务政府采购市场的要价。要价涉及 CPC 94 项下的所有环境服务。

表 3.5 我国加入 GPA 历程

| 时间 | 事件 |
| --- | --- |
| 2002 年 2 月 | 成为 GPA 观察员 |
| 2007 年 12 月 | 提交加入 GPA 申请及首次出价范围，标志正式谈判进程开始 |
| 2008 年 9 月 | 提交国情报告 |
| 2009 年 10 月 | 提交加入 GPA 路线图，包括承诺在 2009 年年中提供修改后的出价范围 |
| 2010 年 7 月 | 改进出价，中央实体出价有很大改进，但参加方同时要求进一步改善次中央实体、服务和国有企业的范围 |
| 2011 年底 | 提交第三次出价，提出次中央实体和国有企业出价清单，开放噪声消除服务政府采购市场 |

资料来源：作者搜集整理。

## 三、亚太经合组织（APEC）环境服务贸易活动进展及分析

### （一）亚太经合组织简介

亚太经合组织成立于 1989 年，成立之初是一个区域性经济论坛和磋商机构，经过二十几年的发展，已逐渐演变为亚太地区重要的经济合作论坛，也是亚太地区最高级别的政府间经济合作机制。自 1993 年开始，领导人非正式会议每年举行一次。目前，APEC 共有澳大利亚、文莱、加拿大、智利、中国、中国香港、印度尼西亚、日本、韩国、马来西亚、墨西哥、新西兰、巴布亚新几内亚、菲律宾、新加坡、中国台湾、泰国、秘鲁、俄罗斯、美国和越南 21 个成员，占世界人口的 40%，约占世界经济产出的 50%和世界贸易额的 45%。秘书处设在新加坡。

亚太经合组织采取自主自愿、协商一致的合作原则，所作决定必须经各成员一致同意认可。会议文件不具法律约束力，但各成员在政治上和道义上有责任尽力予以实施。在尊重亚太地区差异性和多样性共识下，APEC 确立其宗旨和目标为：“相互依存，共同受益，坚持开放性多边贸易体制和减少区域内贸易壁垒。”并逐渐建立起一些基本运行原则，主要有：①开放性原则。目的是为了与全球多边贸易体制的原则和精神相一致。②灵活性原则。APEC 在自愿基础上协商一致，以声明和宣言形式作出承诺，推动合作；既以自主和单边行动为基础，又有适当的经过协调的集体行动。③渐进性原则。APEC 本身目标和行动等是逐渐丰富和完善的，又鉴于成员间经济发展水平差距悬殊，主要文件为发达成员和发展中成员分别确立了具体目标的不同实现时间表。

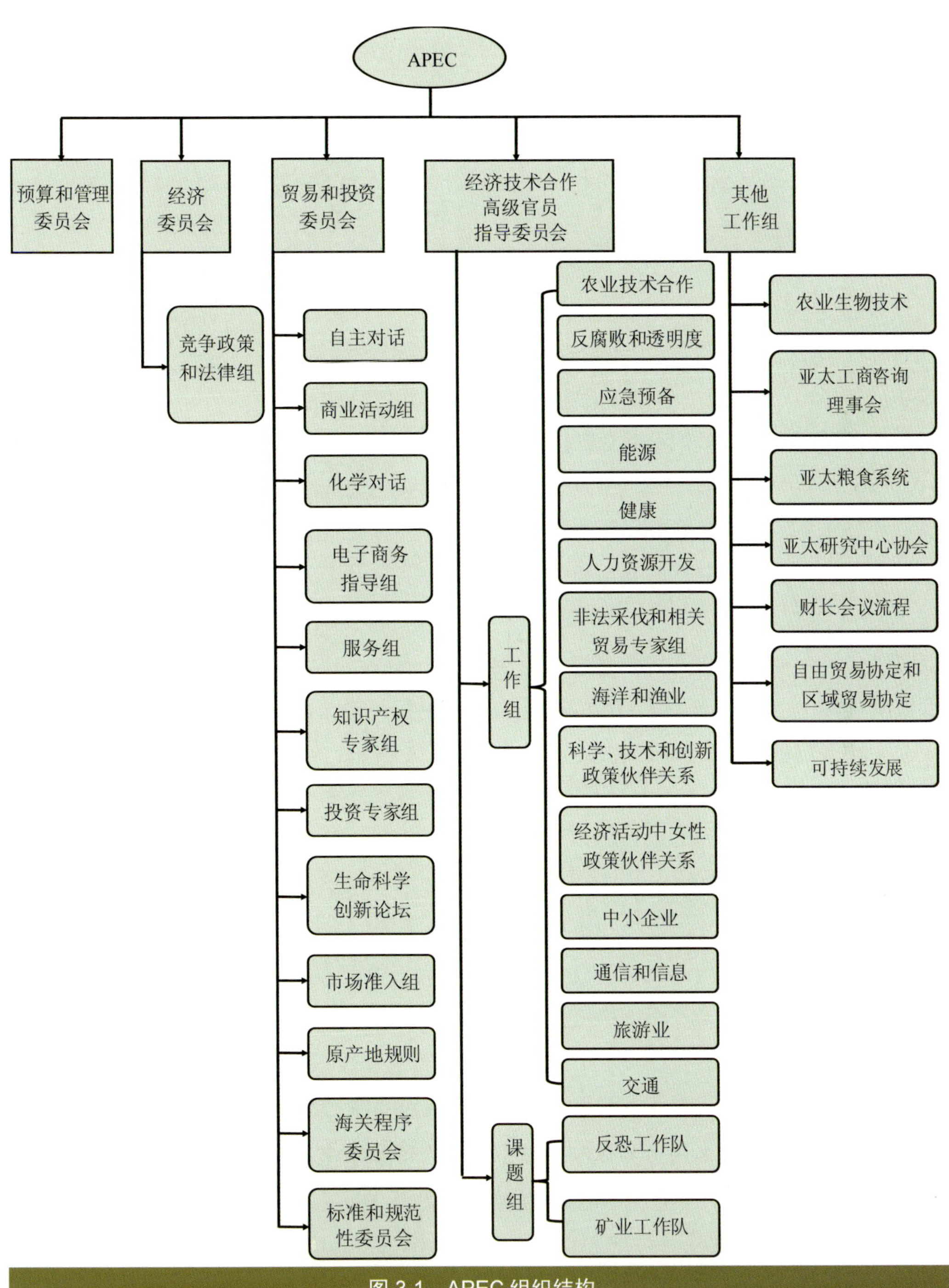


图 3.1 APEC 组织结构

APEC 在推动区域贸易投资自由化、加强成员间经济技术合作等方面发挥了不可替代的作用，将贸易投资自由化、便利化和经济技术合作作为 APEC 运行的两个“轮子”。1989 年 APEC 堪培拉第一届部长会议就确立了 APEC 贸易投资自由化的目标；1993 年西雅图会议发表了《APEC 贸易和投资框架宣言》，正式确立了 APEC 目标是实现贸易和投资自由化；1994 年茂物会议发表《茂物宣言》，为 APEC 贸易投资自由化确立了长远目标和时间框架，提出工业化成员实现自由和开放贸易和投资目标不晚于 2010 年，发展中成员不晚于 2020 年；1995 年的大阪会议通过《执行茂物宣言的大阪行动议程》（简称《大阪行动议程》），把茂物会议确立的 APEC 蓝图具体化，其中提出了包括服务领域的市场准入等 15 个具体领域；1996 年马尼拉会议宣布通过并开始执行 APEC《马尼拉行动计划》，这项计划包括各成员贸易投资自由化和便利化的单边行动计划和集体行动计划；1997 年的温哥华会议确认了 15 项自愿性提前实现自由化的产业部门，同时，确立安排了环境保护、渔业、林产品、医疗设备、能源、玩具、珠宝、化工和电信相互承认 9 个部门作为提前自愿自由化（EVSL）的部门。

APEC 共有 5 个层次的运作机制：领导人非正式会议、部长级会议、高官会、委员会和工作组、秘书处。高官会下设 4 个委员会：贸易和投资委员会（CTI）、经济委员会（EI）、经济技术合作高官指导委员会（SCE）和预算管理委员会（BMC）。CTI 负责贸易和投资自由化方面高官会交办的工作，EI 负责研究该地区经济发展趋势和问题，并协调结构改革工作。SCE 负责指导和协调经济技术合作，BMC 负责预算、行政和管理等方面的问题。此外，高官会还下设工作组，从事专业活动和合作。

### （二）亚太经合组织推动环境服务贸易活动的历程

APEC 环境服务贸易的合作历程大致可分为三个阶段：第一阶段是倡议初步提出期；第二阶段是倡议实践期；第三阶段是政策和提案密集出台期。

第一阶段，APEC 环境服务贸易合作倡议提出期（1994—1998 年）。该阶段包括两个重要事件：一是早期的环境部长会或高官会提出环境与经济贸易问题。1994 年部长们讨论了环境愿景宣言以及 APEC 环境与经济统筹发展的原则框架，还分别针对环境技术、政策工具、环境教育/信息展开讨论。1996 年部长们同意并通过了 APEC 促进可持续发展的行动指导方针，并就共同关心的几个重要的可持续发展议题展开讨论，包括可持续城市管理、清洁技术及清洁生产、海洋环境的可持续性。1997 年部长们承接 APEC 领导人发出了制定 APEC 可持续发展工作计划的呼吁，鼓励政府、私营部门、当地社区以及个人加入到队伍中，将可持续发展的原则贯彻到有意义的实践和可见的成果中。

二是1995年大阪会议通过《执行茂物宣言的大阪行动议程》提出包括环境产品与服务的市场准入等15个具体领域；1997年，APEC将环境产品与服务等9个部门作为提前自愿自由化（EVSL）的部门，以落实1995年通过的《执行茂物宣言的大阪行动议程》。对于这9个部门，要率先推动区域贸易投资自由化、便利化以及经济技术合作，以使发达成员和发展中成员分别在2010年和2020年前若干年实现贸易投资自由化的茂物目标。这是APEC首次明确提出环境服务贸易的合作。

第二阶段，APEC环境服务贸易合作的倡议实践期（1998—2007年）。主要体现在以下方面：一是推动环境产品与服务部门提前自愿自由化，结合单边行动计划，各经济体在贸易和投资自由化的15个领域开始逐渐自愿做出降低关税和非关税壁垒、扩大市场准入、逐步开放服务贸易市场等措施承诺。1996年，APEC通过并开始执行《马尼拉行动计划》，环境服务部门作为APEC部门提前自愿自由化9个提前开放的部门之一以及单边行动计划重要内容。自2000年开始，成员开始提交其贸易投资自由化和便利化单边行动计划，其中有5个经济体：新西兰、中国香港、日本、澳大利亚、加拿大提交了包含环境服务的单边行动计划，到2007年有16个APEC成员经济体，包括澳大利亚、加拿大、智利、中国、中国香港、印度尼西亚、日本、墨西哥、新西兰、巴布亚新几内亚、中国台湾、秘鲁、美国和越南在其单边行动计划（IAP）中自愿做出了全部或部分开放环境服务市场的承诺。二是APEC贸易和投资委员会、关于经济技术合作的高级官员指导委员会下的相关工作组，如服务组、市场准入组、能源组、标准和规范委员会、可持续发展组等密集开展环境产品与服务相关的研究或研讨会等活动。据不完全统计，大约有17项之多。这些项目涉及环境产品与服务贸易、标准、技术、壁垒、贸易措施、能力建设等。新加坡、越南、加拿大、新西兰、美国、澳大利亚、印度尼西亚、日本、中国、韩国、泰国、中国台湾12个经济体执行了相关项目，所有经济体参与了上述项目。

第三阶段，APEC环境服务贸易合作政策和提案密集出台期（2007年至今）。自2007年以来，随着全球气候变化谈判日益升温，APEC环境产品与服务合作也日益活跃，政策和提案密集出台。一是从2007年开始，APEC每年的领导人宣言和部长声明都将发展环境产品与服务，推动环境产品与服务贸易作为促进可持续增长和应对气候变化的重要措施和途径，对环境产品与服务进行专门的甚至较大篇幅的阐述。例如：2007年，APEC领导人在《关于气候变化、能源安全和清洁发展的悉尼宣言》中提出“以合作共赢的方式，在环境产品与服务的贸易、航空运输、可替代和低碳能源利用、能源安全、保护海洋生物资源、政策分析能力等领域进一步采取措施”。2010年，在

《茂物及后茂物时代的横滨愿景：第十八次领导人非正式会议宣言》中提出："将通过扩大环境产品与服务的贸易和投资，加速发展绿色经济……""通过强调和重视环境产品、技术和服务中的非关税措施，以增加环境产品与服务的扩散和利用，减少该领域贸易及投资中的现有壁垒并避免新壁垒产生，提高发展环境产品与服务产业的能力……"并以此致力于实现可持续增长，支持全球环保努力，向绿色经济转型。2011年第十九次领导人非正式会议宣言特别发布了附件：环境产品和服务领域的贸易和投资。附件公布了APEC为促进环境产品与服务领域的贸易和投资而计划的几项切实行动，包括"在2012年，各经济体将制定一份环境产品APEC清单，这份清单将直接地和正面地促进我们的绿色增长和可持续发展目标。考虑各经济体经济状况而不歧视其在WTO中的地位，对于清单产品，我们决心在2015年底之前，将其适用关税率降至5%及以下""到2012年底之前，在区域内撤销扰乱环境产品和服务贸易的当地含量要求"等。详细情况见表3.6。二是APEC出台《亚太经合组织环境产品与服务工作计划》（APEC EGS Work Programme），旨在促进亚太经合组织就采取以下行动达成共识：鼓励区域内可持续增长，促进环境产品与服务的应用和传播，减少针对环境产品与服务贸易投资的现有障碍并避免设置新的壁垒，提升各成员发展环境产品与服务产业的能力。

表3.6　APEC领导人宣言和部长声明中关于环境产品和服务的阐述

| 年份 | 地点 | APEC相关文件 | |
|---|---|---|---|
| | | 文件名称 | 内　容 |
| 2007 | 澳大利亚悉尼 | 第十九届部长级会议联合声明 | 我们指示官员们继续环境产品和服务贸易方面的工作，探讨减少环境产品和服务贸易壁垒的方式。我们赞同世界贸易组织倡导的开放市场，它将推进气候和能源安全目标的实现 |
| | | 领导人关于气候变化、能源安全和清洁发展的悉尼宣言 | 以合作共赢的方式，在环境产品和服务的贸易、航空运输、可替代和低碳能源利用、能源安全、保护海洋生物资源、政策分析能力等领域进一步采取措施<br>宣言所附的行动计划中提出，一个开放的全球贸易与投资体系对我们的清洁发展目标至关重要。世界贸易组织中的市场开放努力有助于推进我们在气候与能源安全方面的目标。为此，我们同意在2008年亚太经合组织领导人会议上评估并讨论世界贸易组织多哈回合谈判在环境产品和服务贸易自由化方面取得的进展 |

| 年份 | 地点 | APEC 相关文件 | |
|---|---|---|---|
| | | 文件名称 | 内　容 |
| 2008 | 秘鲁利马 | 第二十届部长级会议联合声明 | 我们认识到就旨在实现区域环保和可持续优先领域的环境产品和服务继续开展的研究、进展和应用。我们欢迎 2008 年 APEC 在此领域取得的进展。我们欢迎“环境产品与服务工作计划框架”，并以此为基础制订具体的环境产品与服务工作计划，提交 2009 年贸易部长会议讨论。我们还支持继续在此重要部门促进信息交流的工作<br>我们审议了 WTO 谈判进展以扩大环境产品和服务的市场准入，我们重申开放的全球贸易和投资体系对我们的清洁发展目标至关重要，WTO 市场开放会帮助我们推进气候和能源安全目标 |
| 2009 | 新加坡 | 第十七次领导人非正式会议宣言：“促进持续增长，密切区域联系” | 通过转型到绿色经济来应对气候变化也带来了机遇。我们将确保应对气候变化的措施与我们在国际贸易方面的义务相一致。《APEC 环境产品与服务工作计划》是 APEC 可持续增长合作的重要方面。根据这一计划，我们将推动和实施一系列具体行动，促进本地区可持续增长，扩大应用和推广环境产品与服务，减少对环境产品与服务的贸易、投资壁垒，避免设置新的壁垒，并增强各经济体发展环境产品和服务的能力。我们还承诺在中期内理顺并逐步取消化石能源补贴，因其助长浪费型消费。我们同时认识到确保基本能源服务的重要性。我们将在 2010 年会议上评估这一领域的进展情况。我们还将采取技术合作和能力建设等措施，促进气候友好型技术的推广 |
| | | 第十七次领导人非正式会议单独声明：“倡导新的增长方式，构建 21 世纪互联互通的亚太” | 我们将探讨减少环境产品与服务贸易、投资壁垒的方法，并避免对环境产品与服务贸易设置新的壁垒 |
| | | 第二十一届部长级会议联合声明 | 我们将努力确保经济增长和可持续发展相协调。人类活动引起的气候变化是最严峻的全球性挑战之一。APEC 可持续增长合作的重点包括改善获取环境产品与服务的途径、发展环境产品与服务部门、提高能效、森林恢复与可持续管理<br>环境产品与服务市场在促进可持续增长和应对气候变化方面具有重要作用。气候变化政府间专门委员会强调，许多气候友好技术和产品已经市场化，预计不久还有更多会市场化。这其中许多技术将因贸易自由化而受益。世界银行预计仅消除四项基本清洁能源技术（风能、太阳能、清洁煤和节能照明）的贸易壁垒就可使贸易增长 13%。再生产品可以实现资源再利用，比生产新产品能耗低。我们欢迎 APEC 在提升再生产品意识方面所做的努力 |

| 年份 | 地点 | APEC 相关文件 | |
|---|---|---|---|
| | | 文件名称 | 内　容 |
| 2009 | 新加坡 | 第二十一届部长级会议联合声明 | 我们将设法减少环境产品与服务的贸易与投资壁垒，避免采取新的壁垒或市场扭曲措施。我们还将采取措施通过经济技术合作和能力建设促进气候友好技术和其他环境产品与服务的推广。我们欢迎启动 APEC 环境产品与服务信息交流网站，以促进 APEC 地区及全球在环境产品与服务方面提高透明度，加强信息交流、合作和产品推广。我们批准 APEC 环境产品与服务工作计划，该计划有助于各方就如何促进环境产品与服务的贸易、投资与发展凝聚共识。我们指示高官们向 2010 年 APEC 部长级会议汇报此项工作进展。我们重申，开放的全球贸易和投资体制是我们实现清洁发展目标的关键，WTO 的市场开放有助于我们实现应对气候变化、确保能源安全的目标。我们认识到，低排放或零排放技术的联合研发、应用和转让对于我们共同应对气候变化至关重要 |
| 2010 | 日本横滨 | 第十八次领导人非正式会议宣言：茂物及后茂物时代的横滨愿景 | 我们致力于进一步提高经济增长质量，使亚太地区实现可持续增长，继续发挥世界经济引擎的作用。我们应采取政策措施，促进 APEC 经济体间和各经济体内的平衡增长，确保社会各界都充分发挥其作用和潜能。社会各界尤其是弱势和被边缘化的群体都应享有实现自身潜能的机会。我们将通过扩大环境产品与服务的贸易和投资，加速发展绿色经济，提高能效，促进森林的可持续管理和退耕还林，促进经济与环境的协调、可持续发展。通过制定相关政策规则，营造有利于信息通信技术创新、研发和应用的环境，建立专业工作组，促进各经济体内及经济体间的创新增长<br>APEC 也可通过继续推进投资、服务、电子商务、原产地规则、规则一致化、贸易便利化、环境产品服务等专业领域倡议，推动亚太自贸区建设<br>我们将推广高能效运输，消除阻碍环境产品和服务（EGS）的既有贸易投资壁垒并避免新的壁垒，通过优先应对环境产品、技术和服务非关税壁垒加强相关能力建设。我们将理顺并逐步取消化石能源补贴，这些补贴助长浪费，同时我们认识到向能源需求者提供基本能源服务的重要性。我们将根据自愿原则审议有关进展情况。我们将在本地区创建低碳社会。我们将推广环境友好技术，包括经济技术合作和加强能力建设。我们将确保海洋、海岸及其资源的可持续发展，保护海洋环境 |

| 年份 | 地点 | APEC 相关文件 | |
|---|---|---|---|
| | | 文件名称 | 内　容 |
| 2010 | 日本横滨 | 第十八次领导人非正式会议关于亚太自贸区实现途径的单独声明：亚太自贸区的实现途径 | 为推进亚太自贸区建设，亚太经合组织将继续实施投资、服务、电子商务、原产地规则、标准一致化、贸易便利化、供应链联结和被授权经营者计划以及环境产品和服务等具体领域倡议 |
| | | 亚太经合组织领导人增长战略（摘要） | 改善环境产品和服务（EGS）获取途径，发展 EGS 产业。APEC 将实施 EGS 工作计划，降低环境产品的非关税壁垒，探索制定能效标准，促进相关贸易和投资，促进气候友好型和其他 EGS 技术的推广 |
| | | 第二十二届部长级会议联合声明：横滨憧憬——茂物目标与未来 | 我们重申环境产品和服务在促进可持续增长和应对气候变化上起到的关键作用。我们重申，支持加强环境产品和服务的应用和推广，削减环境产品和服务的贸易投资壁垒，加强成员在发展环境产品和服务领域的能力建设。我们赞赏今年利用 APEC 跨论坛协作的优势，执行《环境产品和服务工作计划》，开展了诸多项目，并取得丰硕成果。我们注意到节能产品盘整工作的结论，这项工作关注成员由于不必要的节能产品标准、标识和测试差异而可能产生的非关税壁垒。我们还注意到能力建设方面的进展，特别是关于发展中成员，如马来西亚环境产品和服务市场的案例研究，并责成官员们在 2011 年进行更多案例研究。我们责成官员们在今年成果的基础上，在环境产品和服务领域进一步开展具体行动，优先关注非关税措施、技术和服务。我们将支持世贸组织多哈回合在环境产品与服务谈判方面所取得的进展。我们欢迎促进再生产品贸易便利化，这有助于节约自然资源，为绿色增长作出贡献，同时责成高官们在 2011 年继续落实。我们认识到，联合研发、应用和技术转让对于共同努力应对气候变化至关重要 |
| 2011 | 美国夏威夷 | 第十九次领导人非正式会议宣言：紧密联系的区域经济 | 我们致力于共同推动绿色增长目标，坚持通过加强能源安全、创造新经济增长和就业机会等方式，加速向全球低碳经济转型，应对亚太地区面临的经济和环境挑战<br>2011 年，我们有力地推进了上述目标。2012 年，各经济体将为制定一个对实现绿色增长和可持续发展目标有直接和积极贡献的亚太经合组织环境产品清单而开展工作。考虑到各经济体经济状况，我们决心在 2015 年底前将这些产品的实施税率降至 5%或 5%以下，并不影响亚太经合组织各经济体在世界贸易组织中的立场。各经济体将清除包括当地含量要求等扭曲环境产品和服务贸易的非关税壁垒（见附件三）。采取切实措施帮助商界和民众能够以更低的价格获得重要的环境技术，以促进这些环境技术的使用，为实现亚太经合组织可持续发展目标作出重大贡献 |

| 年份 | 地点 | APEC 相关文件 | |
|---|---|---|---|
| | | 文件名称 | 内　容 |
| 2011 | 美国夏威夷 | 第十九次领导人非正式会议宣言附件三：环境产品和服务贸易投资 | 内容摘要：附件总结了自 2007 年以来 APEC 促进可持续发展以及推动环境产品和服务贸易和投资的历程。附件同时发布了 APEC 为促进环境产品与服务领域的贸易和投资而计划的几项切实行动<br>● 2012 年，各经济体将为制定一个对实现绿色增长和可持续发展目标有直接和积极贡献的亚太经合组织环境产品清单而开展工作。考虑到各经济体经济状况，我们决心在 2015 年底前将这些产品的实施税率降至 5%或 5%以下，并不影响亚太经合组织各经济体在世界贸易组织中的立场<br>● 到 2012 年底，取消本地区现有的、扭曲环境产品和服务贸易的当地含量要求，与世贸组织规定的义务保持一致，并避免以后出台新的要求，包括避免将当地含量要求作为各方内部清洁能源政策的要求<br>● 确保政府在推广环境产品和服务时，采取透明的支持和鼓励政策，并与各成员在世贸组织的义务保持一致<br>● 确保所有与环境产品和服务相关的政府采购政策透明度，并与 1999 年《亚太经合组织政府采购非约束性原则》相一致<br>● 在环境产品相关领域加强规制衔接性，包括加强环境产业的标准一致化<br>● 重申我们在世贸组织推动环境产品和服务自由化的承诺，包括探讨新的、创造性的解决方案，推动实现多哈授权，降低并在适当的情况下取消环境产品和服务关税和非关税壁垒<br>● 在自由贸易协定中，逐步实现环境产品和服务贸易自由化 |
| | | 第二十三届部长级会议联合声明 | 促进环境产品和服务贸易和投资的自由化<br>我们推进了促进环境产品和服务贸易和投资自由化的工作，并将议题提交给 APEC 领导人以谋划推进这些工作的最佳方法 |

资料来源：http://www.apec.org。

## 专栏 3.1 APEC 环境产品和服务工作计划

2007 年，APEC 领导人在悉尼承诺，如悉尼行动计划中所述，通过一系列广泛而又雄心勃勃的行动，“确保各经济体的能源需求，同时应对环境质量问题和促进温室气体减排”。领导人重申，“一个开放的全球贸易与投资体系对我们的清洁发展目标至关重要，世界贸易组织中的市场开放努力有助于推进我们在气候与能源安全方面的目标”。并且，领导人认识到，“低排放和零排放技术的联合研究、开发、运用及转让将对我们应对气候变化的共同努力至关重要”。

2007 年的领导人行动议程包括合作行动计划和倡议，旨在实现亚太区域支持经济增长和发展以及进一步促进全球温室气体减排的目标。

此后，贸易和投资委员会（CTI）致力于落实领导人指示，其中包括制订环境产品与服务（EGS）工作计划，为实现 APEC 促进经济可持续发展这一宏伟目标作出贡献。CTI 在这一领域工作的核心是认识到一个开放的全球贸易与投资体系对推广 EGS 和增加其应用是十分必要的，并且这也将成为 APEC 为实现全球发展、经济和环境目标的贡献之一。

2008 年的亚太经合组织部长级会议上，部长们通过了 APEC EGS 计划框架。此框架的宗旨是支持 APEC 各成员发展 EGS 产业，并且在 APEC 各委员会间建立一个连通机制以开展相关工作。工作计划框架包括四个部分：（a）研发，（b）供给，（c）贸易，（d）需求。这四方面的完整描述如下：

a. 研发：对于产品和服务，此方面指通过创新和研发来开发新型的较好的 EGS，旨在促进 EGS 贸易并且应对环境和发展问题（如农村发展、创造就业机会和应用技术）。APEC 成员可以在创新和研发项目方面交流想法和最佳实践，以激励 EGS 的开发。

b. 供给：对于产品，此方面包括融入更清洁、更智能和高能效技术。对于服务，此方面包括对有技能的工作人员的培训。两者都需要 EGS 产业获得更多的关注和投资。APEC 成员可以在发展 EGS 产业的过程中探索使 EGS 投资更加便利的方法以及交流最佳的实践经验。

c. 贸易：此方面旨在通过贸易便利化和贸易自由化来改善提高 EGS 方面的贸易。对于贸易便利化，APEC 市场准入组（MAG）与服务组（GOS）一直致力于便利 EGS 贸易的项目开发。对于贸易自由化，以多哈第 31（iii）指令为依据。认识到谈判将在 WTO 内完成，APEC MAG/GOS 可以提供想法来支持 WTO 内的谈判。

d. 需求：需求的增长将会激励市场来促进 EGS 方面的研发和投资。APEC 成员可以在 EGS 的公众教育和支持 EGS 的客户政策方面交流最佳实践经验，例如测量和展示 EGS

对环境的影响。

根据路线图，APEC 成员同意采取下列行动，以支持区域内的可持续经济增长，推动 EGS 的应用推广工作，消除 EGS 贸易和投资领域中的壁垒，并且进行能力建设以提高各成员发展此产业的能力：

● 开展并继续推进环境产品与服务信息交流（EGSIE）。建立网站，为未来 APEC 开展 EGS 工作提供基础，将在 APEC 区域和全球范围内大大提高工作透明度，促进信息交流、合作、EGS 推广宣传。

● 确定一揽子的后续行动，以促进各成员经济的可持续发展并为 APEC 区域的发展作出贡献。这包括对三个重要方面的认识：（1）对一个经济体而言，增加哪些产品和服务的使用，将会有助于减缓气候变化以及促进经济可持续发展；（2）为加强各经济体维持可持续发展的能力，采取哪些具体行动促进气候友好型和其他 EGS 技术的推广和传播；（3）开展哪些能力建设活动来确保 APEC 成员，尤其是发展中国家，有能力建立和进一步发展各自的 EGS 产业，以及实现他们可持续发展的目标。这些能力建设活动包括明确各成员国感兴趣的技术转让的领域，以及开展一系列的案例研究来更好地理解发展中经济体在此领域的需求。

● 通过提高对不同经济状况和各经济体相应需求的认识，促进 EGS 更广泛地扩散和应用；开展工作以应对非关税壁垒问题，通过相关论坛之间的密切合作来增强环境产品的市场驱动力，例如当地含量要求；探索更加和谐和更具收敛性的标准，特别是在能效领域；促进 EGS 产业投资的便利化；提高对环境服务和减缓气候变化相关服务的理解和市场准入。

### （三）APEC 环境服务贸易的合作特点

与其他国际机构或 APEC 其他部门相比，APEC 开展环境产品及服务合作具有如下几个显著特点：

第一，APEC 是最早开展环境服务贸易合作的机构之一，环境服务又是 APEC 最早确立的开展合作的部门之一。1994 年的环境部长会就提出了环境技术合作的问题，1995 年大阪会议通过《执行茂物宣言的大阪行动议程》提出包括环境产品与服务的市场准入等 15 个具体领域，标志着 APEC 正式开展环境产品与服务合作，这与其他国际组织相比是比较早的，与此相对照，经济合作与发展组织（OECD）1996 年开展了全球环境产品与服务调查研究工作，但仅是研究而已。另外，在 APEC 内部，1997 年宣布的提前实现贸易自由化的 9 个部门中就包括了环境产品与服务，应该说在 APEC 内部，环境产品与服务也是最早被确立的合作部门之一。

第二，APEC 环境服务贸易合作意义和重要性突显。首先，自从提出环境产品与服务合作以来，APEC 一直在持续不断推动其进程，前期制定的 APEC 环境产品清单对推动多边贸易体制谈判发挥了重大作用。其次，近年来，APEC 历年领导人宣言和部长声明频繁强调环境产品与服务合作的重要作用，将环境产品与服务合作作为亚太区域实现绿色增长和可持续发展的重要途径。而且，专门制订《亚太经合组织环境产品与服务工作计划》，表明 APEC 环境产品与服务合作并非权宜之计，而是长期战略。另外，2011 年领导人宣言增加了《环境产品与服务贸易投资》附件，大篇幅、明确具体地提出清除扭曲环境产品与服务贸易的非关税壁垒的具体措施和行动计划，显示出消除环境产品与服务贸易自由化壁垒对 APEC 贸易自由化的重要意义以及 APEC 在推动贸易自由化方面的巨大决心。

第三，APEC 开展环境服务贸易合作内容丰富，涉及面广。从《亚太经合组织环境产品与服务工作计划》来看，具体环境产品与服务合作领域包括研发、供给、贸易、需求四个方面。对于环境产品与服务的主体而言，既包括了供给方也包括了需求方；对于环境产品与服务本身的生命周期而言，既包括了研发等生产环节，也包括了贸易等流通环节。正如《悉尼行动计划》和《亚太经合组织环境产品与服务工作计划》前面所言，的确是“广泛而雄心勃勃的行动”。从 APEC 领导人宣言所涉及的内容上看，APEC 环境产品与服务合作不仅涉及绿色增长领域，而且作为实现绿色增长和可持续发展的重要途径，还涉及亚太自贸区建设和贸易自由化等领域，作为推动亚太自贸区建设倡议的重要内容。从实现 APEC 宗旨和目标看，APEC 环境产品与服务合作不仅是推动贸易投资自由化和便利化的重要途径，也是经济技术合作的重要载体；既包含在推动多边贸易体制内容中，也包含在促进区域经济一体化内容中。

第四，AEPC 开展环境服务贸易合作形式多样，活动频繁。为深入开展 APEC 环境产品与服务合作以及落实领导人宣言指示精神和《亚太经合组织环境产品与服务工作计划》，APEC 已经或正在开展一系列具体行动和活动。这些活动包括实地调查、政策研究、能力建设培训、信息交流等。具体活动中又有不同形式，例如在信息交流中既包括高层的环境部长对话，也包括一般的政策研讨和能力建设培训。项目活动中，既有某个经济体单独承担，也有几个经济体联合“作战”，无论怎样，都注重所有经济体的广泛参与。从参加活动的群体看，既包括政府官员，也包括研究人员、企业代表和非政府组织代表。近年来，APEC 每年都有环境产品与服务合作相关活动。

## （四）中国参与 APEC 环境产品与服务合作的情况

中国是最早参与 APEC 环境产品与服务事务并积极开展环境产品与服务合作的成员之一。一是积极参加了历次环境及可持续发展部长会；二是积极参加了 APEC 部门自愿提前自由化（EVSL）中环境产品与服务谈判以及其他环境产品与服务事务工作；三是积极申请和开展环境产品与服务贸易研究项目，自 1999 年开始，中国在环境产品与服务方面已经申请并开展 6 个项目，分别是：1999 年的《亚洲金融危机对 APEC 经济体环境产品与服务贸易自由化的影响研究》、2004 年开始的《APEC 环境产品与服务贸易自由化影响研究》、2008 年开始的《APEC 环境服务贸易自由化调查》、2010 年的《APEC 环境服务贸易信息交流》、2011 年的《APEC 环境技术市场调查》、2012 年的《APEC 环境服务相关技术市场研究》等，这些项目的开展及所提供的政策建议对于促进 APEC 环境产品与服务工作、促进 APEC 各成员环境产品与服务信息交流，提高他们在环境产品与服务部门发展的能力等发挥了重要作用。四是中国 2005 年在其单边行动计划（IAP）报告中加入了环境服务贸易章节，在运营要求、服务提供方的执照和资质要求、外资要求、最惠国待遇等方面对开放环境服务贸易市场做出具体承诺（表 3.7）。

表 3.7 中国 IAP（单边行动计划）报告最新进展

| 环境服务（IAP） | | | |
|---|---|---|---|
| 项目 | 自上个 IAP 以来取得的改进 | 现行的规定 | 计划要实施的进一步改进 |
| 运营要求 | 无 | 外国企业可以与中国企业创建合资企业。在所有制方面无限制 | 无 |
| 服务提供方的执照和资质要求 | | 国家环境保护总局颁布的相关规定和办法如下：<br>——环境保护设施运营资质认可管理办法<br>——建设项目环境影响评价资质管理办法<br>——有毒废弃物运营资质管理办法 | 无 |
| 外资引入 | 无 | 除环境质量监测和污染源普查以外的所有的环境服务，在中国已经对外开放 | 无 |
| 歧视性待遇/MFN | 无 | 根据中国对 WTO 的承诺，除模式 4 的水平承诺外，国内待遇将不存在限制 | 无 |

资料来源：http://www.apec.org。

## 四、自由贸易协定（FTA）环境服务贸易谈判进展及分析

由于WTO多哈回合谈判进展缓慢，为进一步扩大产品贸易和服务贸易，越来越多的国家开始热衷于建立以自由贸易协定（Free Trade Agreement，FTA）为基础的双边或区域性自由贸易区。FTA是在两个或两个以上的国家或行政上独立的地区经济体之间达成的一种区域贸易协议，加入协议的成员方相互取消所有或大部分商品的贸易壁垒（如关税、配额与优先级别），但对非成员方仍保留原有的贸易保护措施。自贸区也成为中国对外开放新形式、新起点。

目前，中国正与五大洲的28个国家和地区建设15个自贸区。其中，已经签署了10个自贸协定，分别是中国与东盟、新加坡、巴基斯坦、新西兰、智利、秘鲁、哥斯达黎加自贸协定，中国内地与香港、澳门的更紧密经贸关系安排，以及与中国台湾的海峡两岸经济合作框架协议；除与哥斯达黎加的自贸协定外，其他9个自贸协定已经开始实施。正在商建的自贸区有5个，分别是中国与海湾合作委员会、澳大利亚、挪威、瑞士、冰岛自贸区。同时，中国已经完成了与印度的区域贸易安排联合研究，与韩国结束了自贸区联合研究。此外，中国还加入了《亚太贸易协定》。

环境服务市场开放已经成为自贸协定中的重要内容，有的自贸协定中甚至有专门的环境协定章节，例如北美自由贸易协定（NAFTA）。自中国开始自贸区谈判以来，环境与贸易问题，特别是环境服务业市场的进一步开放一直是双边和区域自贸区谈判的重要要价，甚至成为中国能否得到更多海外利益的关键。例如，在中国—新西兰FTA的谈判中，环境服务贸易谈判一度成为FTA谈判能否顺利按时完成的筹码。在中国—东盟自贸区谈判中，新加坡、泰国、马来西亚等都对中国环境服务市场进一步开放提出要价。

### （一）FTA谈判中对中国环境服务市场开放的主要要价

相对WTO来说，自贸区是更自由化的过程。已有的自贸区环境服务贸易谈判基本是以我国加入WTO承诺为基线，要求中国作出进一步开放环境服务市场承诺。中国加入WTO时已就环境服务市场开放作出了承诺。

总体来看，FTA谈判对中国环境服务市场开放要价主要包括以下内容：一是要求进一步扩大环境服务贸易范畴。在FTA环境服务贸易谈判中，很多国家都涉及扩大环境服务贸易承诺范畴的问题。例如新西兰提出使用比中国加入WTO清单范围广得多的欧盟环境服务清单，而非中国加入WTO清单。欧盟环境服务清单，不但包括了联合国

中心产品分类环境服务清单的所有内容，还包括了人类用水、废物循环、有环境内容的商业服务、研发服务、工程服务、建筑服务、分销服务、运输服务、咨询服务等。二是要求服务贸易提供模式（3—商业存在）取消企业形式限制。服务贸易提供模式（3—商业存在）是环境服务贸易的最主要方式和核心，一般服务贸易谈判都会涉及该提供方式。实际上我国在加入 WTO 时对环境服务承诺开放水平已经很高，已经允许外资持有多数股权参加我国的环境服务。但几乎所有国家和地区都要求我国对商业存在服务提供模式作进一步承诺，即由合资改为独资。三是要求放开服务贸易提供模式（1—跨境交付）。我国在服务贸易提供模式（1—跨境交付）中只对环境咨询作出承诺，但许多要价要求开放所有方面，包括通过远距离提供遥感、信息等服务。四是取消“环境质量检测和污染源检查”分部门的排除。我国已明确提出将“环境质量检测和污染源检查”排除在环境服务承诺之外，但许多要价提出要取消此排除。五是其他方面，要价更多涉及关于 CDM（清洁发展机制）项目的问题。例如：澳大利亚在环境服务贸易谈判中强烈要求澳商独资企业参与中国 CDM 项目。

### （二）FTA 谈判中我国对环境服务市场开放出价

我国环境服务市场总体上开放程度较高，在自贸区谈判中，我国已经承诺进一步开放。例如，中国—东盟自贸区协定中，中国已承诺允许东盟的环境服务企业以外资独资形式进入我国的环境服务市场，也就是说，在商业存在服务模式下取消合资限制。

**表 3.8 中国双边自贸区环境服务市场最新开放情况**

<table>
<tr><th colspan="2"></th><th>开放部门</th><th>市场准入</th><th>更新日期</th></tr>
<tr><td>内地与香港更紧密经贸关系安排（CEPA）</td><td>中国香港、澳门</td><td>A. 污水处理服务（CPC 9401）<br>B. 固体废物处置服务（CPC 9402）<br>C. 废气清理服务（CPC 9404）<br>D. 噪声消除服务（CPC 9405）<br>E. 自然和风景保护服务（CPC 9406）<br>F. 其他环境保护服务（CPC 9409）<br>G. 卫生及类似服务（CPC 9403）</td><td>允许香港服务提供者在内地设立独资企业，提供环保服务。同意广东省审批服务提供者在广东开办环境污染治理设施运营企业资质</td><td>更新至 2010 年 5 月补充协议七</td></tr>
<tr><td rowspan="4">FTA</td><td>中国—东盟</td><td rowspan="4">A. 污水处理服务（CPC 9401）<br>B. 固体废物处置服务（CPC 9402）<br>C. 废气清理服务（CPC 9404）<br>D. 噪声消除服务（CPC 9405）<br>E. 自然和风景保护服务（CPC 9406）<br>F. 其他环境保护服务（CPC 9409）<br>G. 卫生及类似服务（CPC 9403）</td><td rowspan="4">（1）除环境咨询服务外，不作承诺<br>（2）没有限制<br>（3）允许设立外商独资企业<br>（4）除水平承诺中内容外，不作承诺</td><td>2007 年 1 月，未更新</td></tr>
<tr><td>中国—智利</td><td>2008 年 4 月，未更新</td></tr>
<tr><td>中国—新西兰</td><td>2008 年 4 月，未更新</td></tr>
<tr><td>中国—新加坡</td><td>2008 年 10 月，未更新</td></tr>
</table>

<table>
<tr><th colspan="2"></th><th>开放部门</th><th>市场准入</th><th>更新日期</th></tr>
<tr><td rowspan="2">FTA</td><td rowspan="2">中国—巴基斯坦</td><td>A．污水处理服务（CPC 9401）<br>B．固体废物处置服务（CPC 9402）<br>C．废气清理服务（CPC 9404）<br>D．噪声消除服务（CPC 9405）<br>G．卫生及类似服务（CPC 9403）</td><td>（1）除环境咨询服务外，不作承诺<br>（2）没有限制<br>（3）允许设立外商独资企业<br>（4）除水平承诺中内容外，不作承诺</td><td rowspan="2">2009 年 2 月签署，未作更新</td></tr>
<tr><td>E. 自然和风景保护服务（CPC 9406）<br>F．其他环境保护服务（CPC 9409）</td><td>（1）除环境咨询服务外，不作承诺<br>（2）没有限制<br>（3）允许设立合资企业，允许外资拥有多数股权<br>（4）除水平承诺中内容外，不作承诺</td></tr>
<tr><td rowspan="2">FTA</td><td>中国—秘鲁</td><td rowspan="2">A．污水处理服务（CPC 9401）<br>B．固体废物处置服务（CPC 9402）<br>C．废气清理服务（CPC 9404）<br>D．噪声消除服务（CPC 9405）<br>E. 自然和风景保护服务（CPC 9406）<br>F．其他环境保护服务（CPC 9409）<br>G．卫生及类似服务（CPC 9403）</td><td rowspan="2">（1）除环境咨询服务外，不作承诺<br>（2）没有限制<br>（3）允许外国服务提供者仅限于以合资企业形式从事环境服务，允许外资拥有多数股权<br>（4）除水平承诺中内容外，不作承诺</td><td>2009 年 4 月签署，未作更新</td></tr>
<tr><td>中国—哥斯达黎加</td><td>2010 年 4 月签署，未作更新</td></tr>
<tr><td colspan="5">服务提供方式：（1）跨境交付　（2）境外消费　（3）商业存在　（4）自然人移动</td></tr>
</table>

资料来源：作者根据商务部网站相关资料整理。

### （三）环境服务贸易成为 FTA 谈判重要内容的分析

我国环境服务业市场进一步开放成为自贸区谈判的重要内容的主要原因如下：第一，由于 WTO 多哈回合谈判进展缓慢，各国都将主要经贸政策重点转向自贸区。另外，尽管酌情削减和取消环境产品和服务的关税和非关税壁垒是 WTO 环境与贸易议题的重要谈判内容，但 WTO 谈判目前的重点是环境产品，环境服务涉及很少。第二，在科技革命和经济全球化推动下，全球经济竞争的重点正从货物贸易转向服务贸易。环境服务业发展很快，正在成为新的经济增长点。第三，环境产品和服务内涵及分类在国际上没有统一的标准，可以以此为突破口削减关税和非关税壁垒。第四，经过多年的环境治理及执行严格的环境标准，发达国家国内环境服务供给趋向饱和，他们需要开辟国际市场。第五，我国环境污染严重及环境服务需求巨大，而国内供给又明显不足。

## 五、小结

通过对 WTO、GPA、APEC 和 FTA 环境服务谈判情况的分析，可以看出目前环境服务的形势如下：

- ❖ 环境服务贸易已经成为多边和双边贸易机构谈判的热点和焦点议题；
- ❖ 环境服务市场准入成为谈判中的主要或核心要价；
- ❖ 环境服务贸易壁垒逐渐消除，环境服务贸易呈逐渐开放趋势。

# 第四部分　市场篇

## 一、全球环境服务业和环境服务贸易发展趋势及分析

### （一）全球环境服务业和环境服务贸易发展趋势及特点

#### 1．全球环境服务业市场规模和国民收入成正比例关系

近年来，全球环境服务业市场的发展与整体经济发展水平紧密相关，呈正比例关系，年均增速略高于经济增长速度。1997 年环境服务业产值为 2 501 亿美元，2010 年增长到 3 694 亿美元，预计 2012 年产值可达 3 810 亿美元，年均增速 3.1%，而 1997—2012 年世界 GDP 年均增速约为 2.9%，两者保持了相似的增长速度。此外，从 1997—2012 年两者的具体走势来看（图 4.1），两者的发展都表现出较高的同步性。2008 年下半年全面爆发的金融危机蔓延到实体经济，导致 2009 年全球 GDP 负增长 2.1%，为 1997 年以来最大下滑幅度；而同年环境服务业出现了 1997 年以来的首次负增长，增速降至－1%。随着 2010 年全球经济复苏，环境服务业产值也实现了 1.7%的增长。

#### 2．全球环境服务业占环境产业的一半份额

环境服务业的发展是环境产业化的高级阶段，全球环境服务业产值占环境产业产值的 50%左右（图 4.2），环境产业步入成熟期。2001 年时这一比重最高，为 52%，但 2003 年以来环境服务在环境产业中所占比重有逐年下降趋势，到 2005 年环境服务业市场份额已不足 50%，2010 年降为 46%，环境产品的发展超过了环境服务的发展速度。这主要是由于 21 世纪以来，发展中国家的环保产业进入快速发展期，新开工环境治理工程项目增多，带动了制造业的发展。随着发展中国家环境治理基础设施的健全和完善，环境服务业所占比重将逐渐回升。

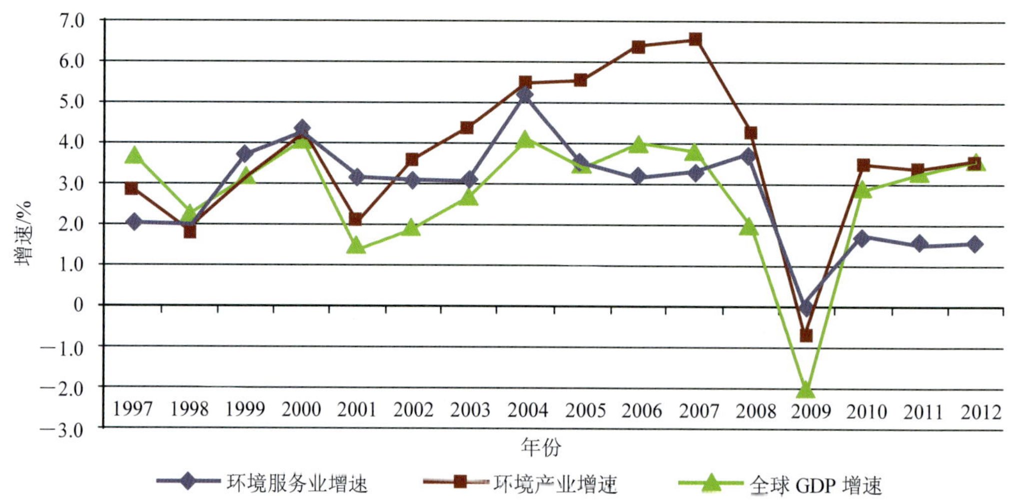


图 4.1 全球环境服务业、环境产业及经济发展趋势

资料来源：环境服务业增速、环保产业增速根据 Environment Business International 数据整理；1997—2008 年 GDP 增速：UN data；2009—2012 年 GDP 增速：世界银行《2010 世界经济展望》。

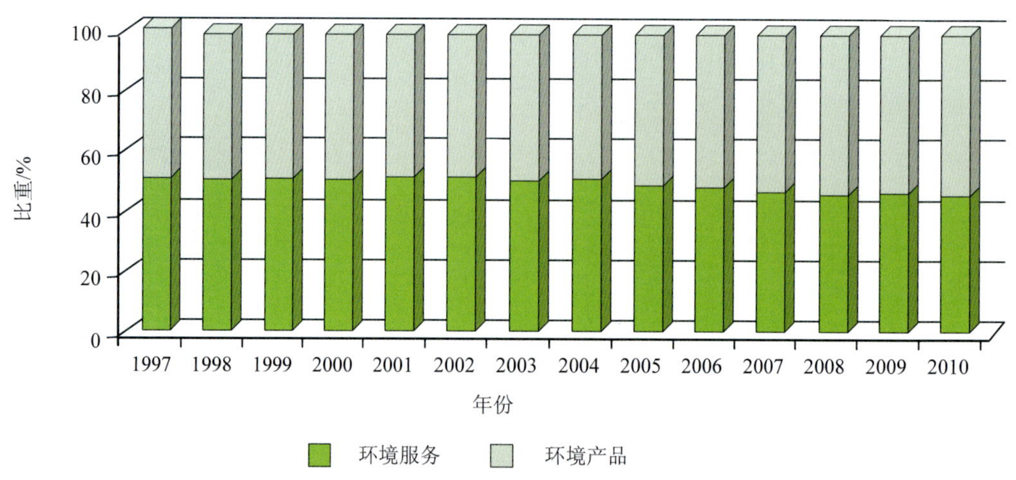


图 4.2 1997—2010 年环境服务和环境产品市场

资料来源：Environment Business International，Inc.，San Diego，California.

### 3. 全球环境服务业主要集中在废物处置服务和水处理服务

环境服务业分项目发展很不平衡，废物处置服务和水处理服务占环境服务市场的主要份额，2010 年这两个项目产值占全球环境服务业产值的 74%，其中废物处置服务占

45%，水处理服务占 29%。但在不同国家，情况也不尽相同，比如美国最重要的项目是废物处置服务，占美国环境服务市场的 44%；法国和英国在废水处理方面具有优势；日本则是大气污染控制。从总的趋势来看，废物处置服务仍是环境服务项目的主导，但近年来环境服务项目格局有去集中化的趋势。图 4.3 为 1996—2010 年废物处置、水处理及其他环境服务项目在环境服务市场中所占比例变化。从图中可以看出，废物处置服务在环境服务市场中所占份额自 2000 年开始逐年下降；水处理服务的市场份额基本保持稳定，2008 年后有缓慢上升趋势；相比之下，其他环境服务项目的市场份额自 2000 年开始逐渐上升，主要是废气处理服务等。

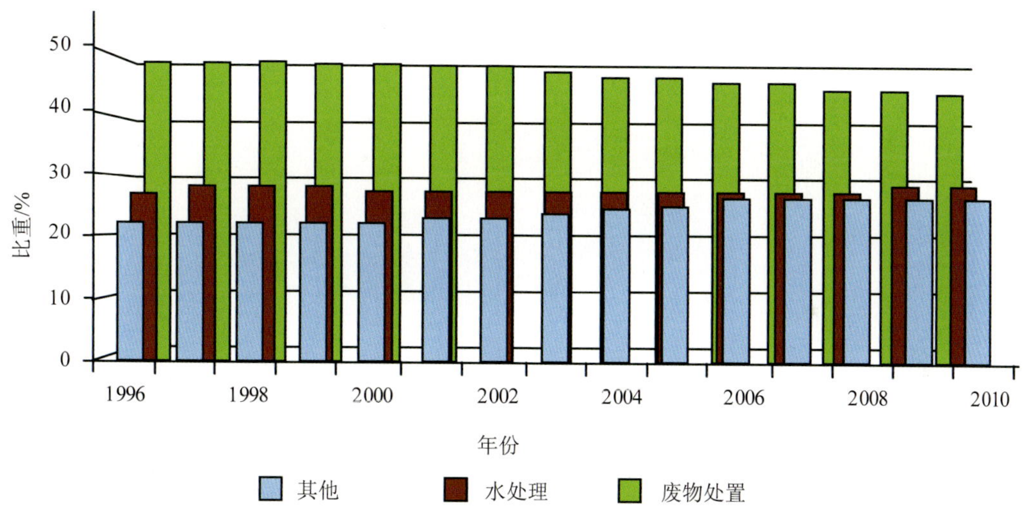


图 4.3 1996—2010 年分项目全球环境服务市场

资料来源：Environment Business International，Inc.，San Diego，California.

### 4．环境服务市场地区发展不平衡

从地区分布看，全球环境服务市场主要集中在美国、西欧和日本（图 4.4）。2008 年，这三个国家和地区的环境服务业产值为全球环境服务业产值的 80.3%。其中美国占 39.8%，西欧占 28.2%，日本占 12.3%。但发达国家环境产业产值占全球环境产业产值的比例在逐渐下降（图 4.5），环境服务业在全球环境服务业中的比重也相应下降。1996 年美国、西欧和日本环境产业产值占全球的 86%，之后呈逐年下降趋势，预计到 2012 年这一比例将下降到 75%。其主要原因是这些发达经济体的工业生产已经高度符合相关的法规规定，如再进一步提高环保要求，发达国家市场对环境服务的需求不会有明显增长。与此相对照，非洲、亚洲和拉丁美洲发展中及最不发达国家和地区的环境服务市场不断壮大，在 1996 年只占全球市场份额的 7%，到 2010 年这一比例已达 14%，特别是亚洲和非洲环境服务市场保持了年均 10%左右的增长率。这是因为随着其经济发展、人口增长及城市化不断加强，这些经济体开始逐步颁布严格的环境法规，将环境服务业的发展纳入世界发展的轨道。但总体上这些国家所占比例仍然很低。亚洲（除日本外）只占 9.3%，拉美占 3.6%，中东占 2.6%，非洲占 1.2%。

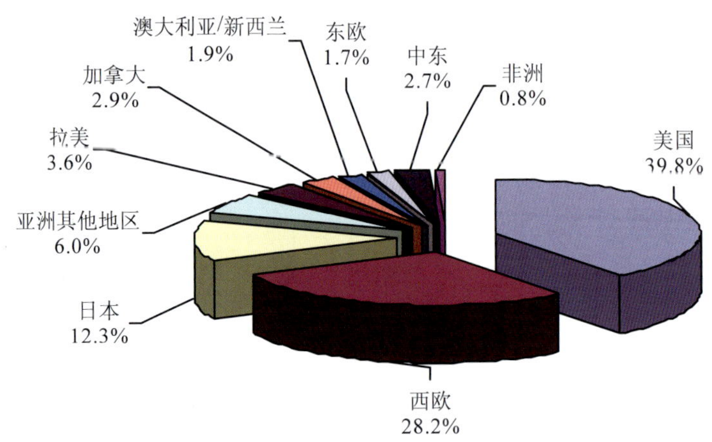


图 4.4 2008 年全球环境服务市场国家和地区分布

资料来源：Environment Business International，Inc.，San Diego，California.

图 4.5 美欧日环境产业及环境服务业的市场份额

### 5. 环境服务贸易发展潜力巨大

与其他服务贸易相比，20 世纪 90 年代以前全球环境服务贸易非常有限，仅为服务贸易总额的 0.5%～1%。原因是许多经济体将环境服务看作“公共服务”，例如占环境服务份额最大的水处理及废物处置服务都是由政府提供的。但近年来，随着污染控制与管理框架的逐步融合，私有化和自由化趋势的不断发展刺激了“私人”对环境服务的需求，环境服务市场逐渐形成并发展。

2007 年和 2009 年环境产业贸易额占全球环境产业总产值的比重分别为 16%和 17%，呈逐渐上升趋势，环境服务业贸易额占环境产业贸易额的比重约为 11%。美国环境产业出口收入占国内环境产业总产值的比重已由 1994 年的 6.7%增长到 2009 年的 13.9%。20 世纪 90 年代末开始，西欧、澳大利亚和加拿大的环境服务出口也显著增加。一方面的原因是美国、日本、西欧等发达国家的环境产品和服务在国内的市场趋于饱和，希望寻求和开拓新的国际市场，美国、西欧和日本成为主要的环境服务出口国，这三个国家和地区 2009 年环境出口额占全球环境产业贸易总额的比例达 88%；另一方面是由于经济强劲发展和环境意识不断提高，东亚、东南亚、拉丁美洲、中东欧地区的环境服务需求迅速增长，需要进口环境服务满足国内需求。在这两方面因素的共同作用下，东亚等发展中国家成为环境服务国际贸易增长最快的地区。目前，发展中国家是环境服务的净进口国（逆差）。

表 4.1 2009 年各国家和地区环境贸易均衡情况

| 国家或地区 | 贸易均衡情况 | 国家或地区 | 贸易均衡情况 |
|---|---|---|---|
| 美国 | 顺差 | 加拿大 | 逆差 |
| 西欧 | 顺差 | 澳大利亚、新西兰 | 顺差 |
| 日本 | 顺差 | 中、东欧 | 逆差 |
| 亚洲其他地区 | 逆差 | 中东 | 逆差 |
| 墨西哥 | 逆差 | 非洲 | 逆差 |
| 拉美其他地区 | 逆差 | | |

资料来源：Environment Business International，Inc.，San Diego，California.

### 6. 环境服务投资主体逐渐多元化

由于许多环境服务项目都具有公共事务的特点（如公共垃圾处置场、污水处理厂），传统上这些服务都是由政府提供，而且大多是由地方政府提供。因此，环境服务投资也主要由政府承担，私人部门或受条件制约不被允许，或无利可图不愿意进入这些领域。近年来，随着环境经济学的发展，以及公共物品理论、产权理论、外部性理论的深入，一些发展中国家开始对这些“公共事务”部门进行改革，例如，中国、泰国、马来西亚等国开始在这些部门实施建设—运行—转让（BOT）等运行模式，引导私人部门进行资金投入。根据 OECD 统计，1990—2004 年，11 个 OECD 国家加上“金砖四国”通过公私合营（PPPs）方式在水处理服务部门投资额达 112 亿美元。发达经济体更是在“公共事务”私有化方面有了很大改变，美国在垃圾收集服务领域私有化水平不断提高，水处理服务现在虽然仍然由政府主导，但私有化步伐也在加快。相比之下，法国和英国的水处理和废物处置服务私有化程度已达到很高的水平。

### （二）全球环境服务市场驱动力分析

导致全球环境服务业迅速增长的主要原因，除经济和污染增长及城市化外，还有来自日益严格的国内环境规章及国际环境标准的推动，以及来自消费者、社会的巨大压力等因素。

#### 1. 环境规制日趋完善

环境相关立法的实施与执行是环境服务市场的传统推动力量。20 世纪七八十年代，日本的大气污染治理业由于制定或完善相关立法，而得到迅速发展。在美国危险废物管理技术发展迅速并保持国际领先地位，得益于对于垃圾处置场清洁和处置有毒废物的相关立法（OECD，1992）。当一些企业根据国内立法在某领域开发了相关技术之后，它们在该领域便具有了国际竞争潜力。如今，随着发展中国家新一轮环境立法的兴起与环境监管机制的完善，环境服务业得以迅速增长。例如，中国于 2005 年 4 月 1 日起修订施行的《中华人民共和国固体废弃物污染环境防治法》较 1996 年版本增加了 14 个法条，完善了管理制度，全面贯彻了污染者负责原则，加大了对违法行为的责任追究力度。这些规定增加了私人部门对环境服务的需求，进而推动了固体废弃物污染治理的发展。

#### 2. 公众环境意识逐渐提高

随着环境教育的深入及信息公开要求的提高，公众的环境意识得以逐渐提高。环境教育可以促使生产者和消费者将环保意识融入商业行为和消费模式。信息公开要求被看作是一种市场手段，因为它影响了消费者选择，并有效改变企业行为。近年来环境恶化导致自然对人类的反作用频繁出现，进一步巩固了公众的环境意识和绿色消费理念，公众对于清洁产品的需求压力通过市场传导给企业。面对压力，企业开始在其商业行为中考虑环境因素，以期建立“绿色”的公众形象并形成市场优势。建立绿色形象的意图是出口企业尤其是跨国企业采取某些环境友好行为的动力。公众环境意识的提高对企业治理污染及环境服务市场的发展有极其重要的促进作用。

### 3．全球环境公约约束力加强

环境问题并不以人为的国界为限，而是发展区域性、全球性的环境污染和生态问题，这就要求加强环境问题的国际合作。达成全球或多边环境公约是解决国际环境问题的一个主要手段，且发挥了积极作用。近年来环境公约谈判进程加快，各缔约方履约压力不断加大，推动环境服务业加大研发投入，加快创新步伐。旨在控制温室气体排放的《联合国气候变化框架公约》、《保护臭氧层维也纳公约》、《控制危险废物越境转移及其处置的巴塞尔公约》、《关于持久性有机污染物的斯德哥尔摩公约》、《防止倾倒废弃物及其他物质海洋污染的伦敦公约》等一系列有广泛影响力的国际公约对各国的环境治理提出了全面要求，各国履约压力成为环境服务业发展的动力。

### 4．政府采购趋于全球化

由于环境保护及环境污染治理服务公共物品的性质及其较强的外部性，政府部门的环境服务需求占总需求的较大比例，在环境服务的购买方面具有比较重要的作用，因此，政府采购政策对环境服务市场有重要影响。这些影响取决于以下三方面采购程序，以及其是否考虑和促进长期的技术发展，并基于成果鼓励创新措施，而不是基于已有的标准、设计和技术；采购的实施方式，比如是否可以将合同分解以鼓励小企业的参与等；大部分政府采购的主要立场以及采购对国外供应商和外来竞争的开放程度。随着 WTO《政府采购协定》的不断完善，以及其缔约方的不断增加，环境服务政府采购市场开放程度也不断提高。这一方面带动缔约方国内政府采购立法向更加公开、公平、公正的方向发展，适应开放政府采购市场提出的新要求，为环境服务供给企业的发展提供良好政策环境；另一方面，扩大了竞争范围，企业除了要面对国内同行业者的竞争，还要与国外的优秀企业同台角逐，这提供了一种强有力的筛选机制，有利于有发展潜力的企业迅速崛起。此外，WTO《政府采购协定》的发展实施为企业提供了更广阔的市场空间。

### 5．能源消费结构转型缓慢

原油和原煤等化石燃料在开采、运输、加工和利用过程中产生的生态系统破坏、扬尘、废水、废渣及废气等，特别是在利用过程中产生的温室气体和有毒气体等对环境造成了极大影响，是造成环境污染的主要原因之一，而当前能源消费结构以原油和原煤为主导的局面短期内难以发生根本改变，这对环境服务业提出了新的要求。2000—2010年，天然气在能源消费中所占的比例虽然有缓慢上升，但清洁能源消费比例稳定在36%，原油和原煤仍然是主要的消费能源，且原煤所占比例逐渐上升，有取代石油再次成为主导能源的趋势（表4.2）。能源消费作为经济发展的基础，随着经济总量的扩大，其消费量也在迅速增长。与2009年相比，2010年的能源消费量增长了5.6%，由此产生的对环境服务的巨大需求将有效推动环境服务业的发展。

表4.2　2000年、2005年、2010年世界能源消费结构比例

| 年份 | 能源消费比例/% | | | | | | |
|---|---|---|---|---|---|---|---|
| | 原油 | 原煤 | 天然气 | 核电 | 水电 | 可再生能源 | 清洁能源合计 |
| 2000 | 38 | 26 | 23 | 6 | 6 | 1 | 36 |
| 2005 | 36 | 28 | 23 | 6 | 6 | 1 | 36 |
| 2010 | 34 | 30 | 24 | 5 | 6 | 1 | 36 |

资料来源：The U.S. Environmental Industry & Global Market, Environmental Business International, 2011.

## （三）全球环境服务业发展热点展望

根据对全球环境服务业近年来发展趋势及全球环境市场驱动力的分析，预计未来废气清除服务、环境服务技术转让、环境投入国际化将成为未来环境服务业发展的热点。

### 1. 双重需求推动废气清除服务的发展

全球环境服务项目格局已经呈现出去集中化的趋势，废气清除服务将有可能成为继废物处置和污水处理服务后第三个快速发展起来的服务项目。推动废气清除服务发展的动力主要来自以下两个方面：第一，公众对改善空气质量的需求迫切。随着人们生活水平的提高，以及城市化进程的加快，车辆、船舶、飞机尾气、工业企业生产排放、居民生活和取暖、垃圾焚烧等产生的空气污染日益成为困扰人们日常生活的问题，受影响的人群广泛并且直接，空气污染问题引起越来越多的人重视；第二，全球气候变化问题受到普遍关注。全球气候变化会给人类带来难以估量的损失，会使人类付出巨额代价的观念已为世界所广泛接受，并成为广泛关注和研究的全球性环境问题。废气清除服务作为减缓气候变化的主要手段之一，将会得到较大发展。

### 2. 环境服务技术转让缓解环境服务市场的失衡

全球环境服务市场失衡，主要集中在美国、西欧和日本，只有当所有国家的环境技术资源都能参与新的安排并在各国之间有效地传播和流动，环境技术成果才能得以迅速推广从而最终改善环境，打破环境服务市场失衡的局面。国际社会签署的《关于消耗臭氧层物质的蒙特利尔议定书》《保护臭氧层维也纳公约》等一系列环境公约均对环境技术转让有所关注，随着发展中国家环境服务发展需求的增加，消除或减少环境服务技术转让障碍的尝试越来越多，推动环境服务技术转让的发展。

### 3. 环境服务市场开放助推环境投资国际化

发达国家把环境服务业发展的目光转向发展中国家市场，而发展中国家市场难以满足国内迅速增长的环境服务需求，加上国家之间通过多边或双边环境谈判开放环境服务市场，环境服务国际化水平日渐提高。很多国家的环境服务市场允许外资拥有多数股权甚至独资提供环境服务，促进了环境服务市场投资的国际化。

# 二、各地区及主要经济体环境服务业和环境服务贸易发展趋势及特征

## （一）亚洲环境服务业和环境服务贸易发展趋势

### 1. 亚洲环境服务市场呈多元化发展

亚洲国家经济发展水平的差异使环境服务市场呈现出多元化发展趋势。综合考虑各国 GDP 增速、环境投资占 GDP 比重、环境服务业发展的驱动力及障碍因素演变、环境服务业的竞争程度等因素，可将亚洲环境服务市场分为三个层次。日本位于亚洲环境服务市场的第一个层次，它是仅次于美国的全球第二大市场，在环境产业的许多部门都接近成熟。位于第二层次的是新兴工业国家和地区，韩国、新加坡等的环境服务市场均属于这一层次，近年来这些经济体的发展速度有所放缓，预计未来几年的环境投资增速会相应回落。位于第三层次的是未来环境服务发展最为迅速的国家，东南亚国家、中国、印度等国的环境服务业各领域均有较大的发展空间和机遇（表 4.3）。亚洲国家环境服务市场呈现出的发展层次与经济发展水平呈现出的层次相吻合。

表 4.3 多元化的亚洲环境服务市场

| 环境服务市场层次 | 国家 |
| --- | --- |
| 第一层 | 日本 |
| 第二层 | 韩国、新加坡、中国香港、中国台湾 |
| 第三层 | 东南亚国家、中国、印度等 |

资料来源：The U.S. Environmental Industry & Global Market, Environmental Business International, 2011.

### 2．亚洲新兴市场国家环境产业发展迅速

亚洲国家环境产业市场规模除日本外 2002 年为 307.0 亿美元，2010 年增长到 746.2 亿美元，2002—2010 年这些国家环境产业平均增速基本保持在 10%以上，2004 年增速最快达到 16.2%，高出世界平均水平 10.7%，当年市场规模达 400.7 亿美元。在 2009 年世界环境产业出现负增长的情况下，亚洲（日本除外）国家仍实现了 6.5%的增长（图 4.6）。

推动亚洲环境产业迅速发展的主力是印度尼西亚、马来西亚、菲律宾、泰国、印度和中国六个国家。2002 年六国环境产业市场规模为 161.3 亿美元，到 2010 年增长到 503.9 亿美元，其中 2004 年市场规模为 232.8 亿美元，环比增长 21.0%，为 2002—2010 年最高增速，2009 年环境产业增速也高达 9.2%。亚洲六国环境产业市场规模在全球的比重逐年增加，2002 年为 3.1%，预计到 2012 年将增长为 8.2%，市场规模达到 627.7 亿美元（图 4.6）。

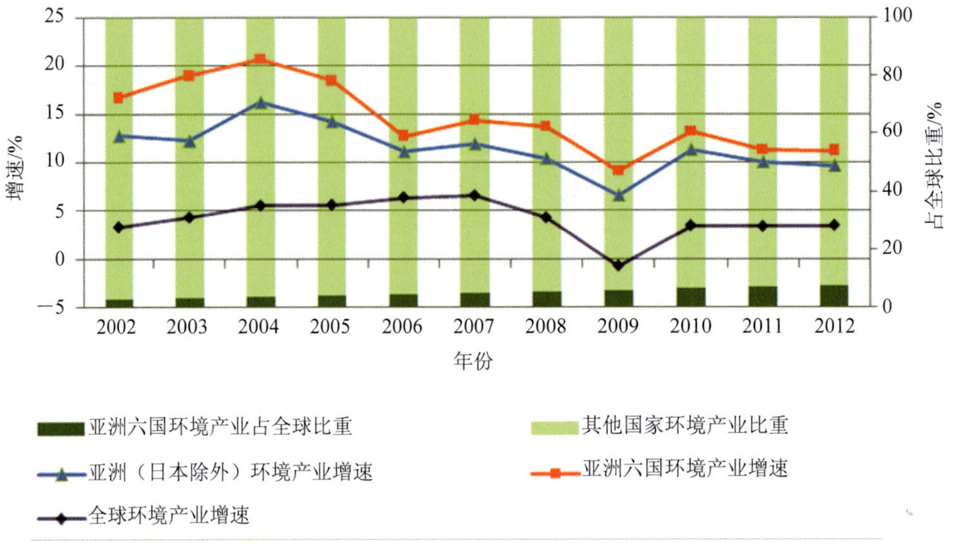


图 4.6 亚洲 2002—2012 年环境产业发展趋势

资料来源：Environment Business International，Inc.，San Diego，California.

### 3. 亚洲环境服务市场有巨大的发展活力

中国、印度和东南亚国家快速的工业化和城市化进程产生了大量的环境服务需求。一方面，在工业化进程中，亚洲整体处于全球产业链低端，能源消耗以煤和石油为主，环境恶化现象比较严重；另一方面，大量人口涌入城市，对城市环境治理设施及其运营服务造成了较大压力。与巨大的环境服务需求相比，亚洲国家的环境服务供给能力不足，除日本外的亚洲国家是环境服务净进口国。2009 年亚洲国家环境产业进口额为 294 亿美元，占到世界环境产业贸易额的 22.5%，其中除日本外其他国家进口额为 222 亿美元。2002—2005 年，美国出口到中国、印度、中国台湾、韩国的环境服务相关技术分别增长了 152%、126%、62%和 49%。未来，亚洲将是环境服务贸易最具活力的市场。

### 4. 亚洲主要国家环境服务业发展趋势

**(1) 日本**

日本是全球环境服务业第二大国。2008 年日本环境服务业市场规模达 446 亿美元，比排名第一位的美国环境服务市场规模小 994 亿美元，占全球环境服务业总产值的 12.3%；环境产业市场规模达 1 005 亿美元，占全球环境产业总产值的 12.9%。

近年来，日本环境服务业发展速度减缓，环境产业的增长速度也整体低于世界平均水平（图 4.7）。1997 年和 2004 年日本环境服务业市场规模分别为 446 亿美元和 460 亿美元，占环境产业的比重由 53.9%下降为 48.5%，2008 年这一比重下降到 44.4%（表 4.4）。与此相对应，日本环境产业在全球环境产业中的比重也有逐年下降趋势，1997 年和 2010 年日本环境产业市场规模分别为 937 亿美元和 976 亿美元，占全球环境产业的比重从 19.1%下降到 12.2%，预计到 2012 年日本环境产业市场规模为 1 016 亿美元，这一比重将下降到 11.8%。

表 4.4 1997 年、2004 年、2008 年日本环境服务业发展情况

| 日本 | 1997 年 | 2004 年 | 2008 年 |
|---|---|---|---|
| 环境服务业市场规模/亿美元 | 446 | 460 | 446 |
| 环境服务业份额/% | 53.9 | 48.5 | 44.4 |

资料来源：Environment Business International，Inc.，San Diego，California.

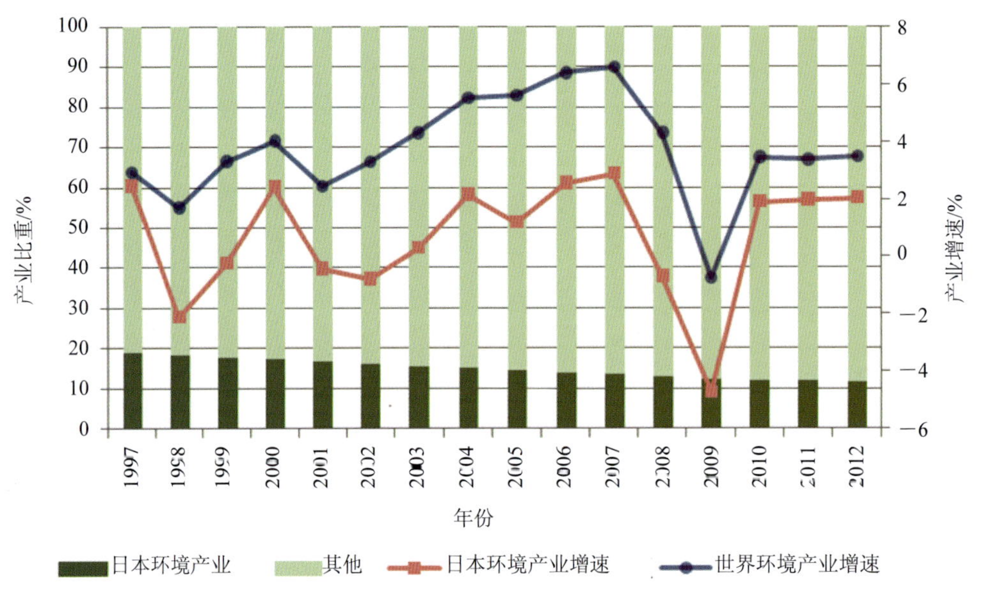


图 4.7 1997—2012 年日本环境产业发展趋势

资料来源：Environment Business International，Inc.，San Diego，California.

日本环境服务业未来在固体、危险废物管理服务、污水处理服务、环境修复服务还存在较大上升空间。随着发展中国家环境服务需求增长迅速，日本作为环境服务业发展相对成熟的国家以及目前世界上第二大环境服务出口国，未来环境服务贸易出口顺差有可能会增大。

（2）**韩国**

韩国环境服务业起步晚，但发展迅速。1995—2005 年环境服务业年增长率在 50%左右。2010 年韩国环境产业市场规模达 103 亿美元，占全球环境产业的 1.3%，占本国 GDP 的 1.0%。近年来，韩国环境产业一直保持稳定增长，即使在 2009 年全球环境产业出现负增长的情况下，韩国环境产业市场规模仍然达到 96.7 亿美元，保持了 2.2%的正增长。此外，韩国环境产业增速一直高于全球水平，2010 年环境产业增速为 6.5%，约为全球增速的 2 倍。

韩国环境服务业的重点发展领域为大气污染防治、污水处理和废物处置。韩国计划投资 3 亿美元用于环境领域 22 个项目的研究，其中 6 个项目为大气污染领域。韩国政府每年新建约 10 个市政污水处理厂，并对现有污水处理设施升级改造。

韩国环境服务主要靠国内市场供给，环境服务进口比例较小。其中，进口部分的

40%～50%来自日本，其次是美国和德国。与进口相比，韩国的环境服务出口更少，为环境服务净进口国家。

**（3）印度**

印度环境服务业市场规模不大，但正处于迅速发展阶段。由于印度国内环境服务业具体数据欠缺，无法直接分析环境服务业的发展趋势，但可以分析整个环境产业的发展。2000 年印度环境产业市场规模为 24.4 亿美元，占全球环境产业的 1.9%，占本国 GDP 的 0.5%；2010 年增长至 114 亿美元，占全球环境产业的 6.1%，占本国 GDP 的 0.7%；预计 2014 年市场规模将达到 174.1 亿美元。自 2000 年以来印度环境产业增速均高于其 GDP 增速，除 2009 年外增速均在 11%以上，2004 年环境产业增长最快，增速达 24.1%（图 4.8）。

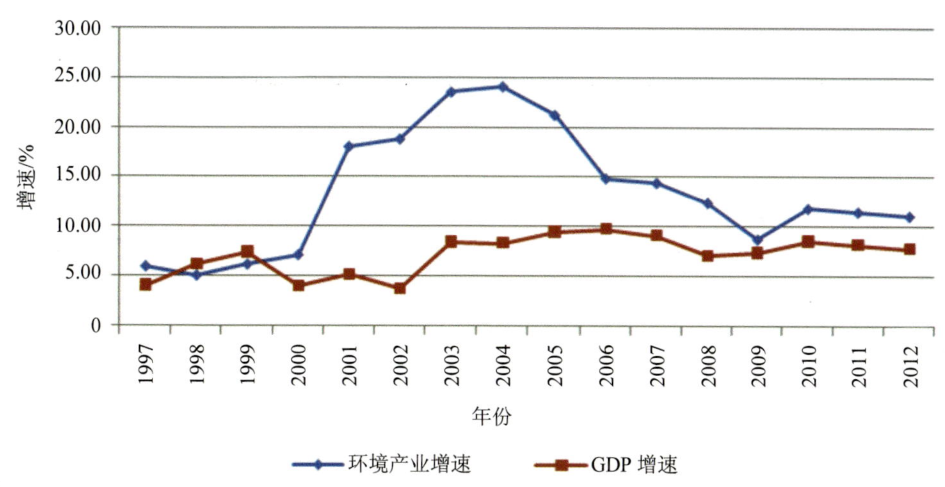


图 4.8 1997—2012 年印度环境产业发展趋势

资料来源：Environment Business International，Inc.，San Diego，California.

印度环境服务业发展总体比较落后。以污水处理服务为例，由于污水处理率低，印度的大部分地表水都遭到污染，且主要污染源是市政污水。印度的 3 245 个城镇中，只有 21 个城镇拥有市政污水处理设施，大约有 80%的印度人口没有接入污水管网。由于水污染问题严重，污水处理技术、设备、服务等占据了印度环境产业的主要份额，据估计每年产值约 40 亿美元，占国内环境产业总产值的比重约为 50%。危险废物管理在印度起步也较晚，在 1989 年颁布《危险废物法》和 1991 年颁布《公众责任保险法》之后才开始逐渐有所发展。虽然已经拥有了基本的废物管理技术，但在高技术领域还很欠缺。

（4）泰国

泰国环境产业规模较小，但发展迅速。2010 年环境产业市场规模为 29.9 亿美元，占全球环境产业的 0.37%，占本国 GDP 的 0.94%。泰国环境产业增长与 GDP 增长具有较高的相关性，并且高于 GDP 增速，2001—2010 年泰国环境产业年均增长 10.6%（图 4.9）。泰国作为亚洲的新兴市场国家，与印度尼西亚、马来西亚、菲律宾、印度和中国一样，环境产业呈现出良好的增长势头。预计 2011 年和 2012 年泰国环境产业市场规模将分别达到 32.8 亿美元和 35.8 亿美元。

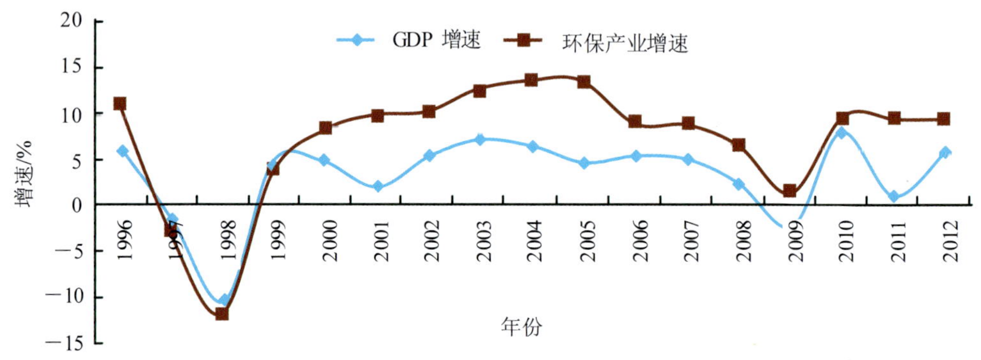


图 4.9 泰国环保产业增速与本国 GDP 增速对比

资料来源：泰国环保产业增速根据 Environment Business International 数据整理；1996—2010 年 GDP 增速：UN data；2011—2012 年 GDP 增速：泰国央行。

（5）越南

近年来，越南环境产业发展迅速，占 GDP 的比重日益提升。产值由 2005 年占 GDP 的 0.97%增至 2010 年占 GDP 的 1.10%，并且在 2011—2012 年，增幅预计在 7%～10%（图 4.10）。2010 年越南环境产业市场规模为 11.4 亿美元，同比增长 9%。环境产业增幅持续高于 GDP 增幅 2～3 个百分点。供水服务、污水处理服务、废物处置服务、水设备及化学药剂是最主要的部门，这些部门 2010 年市场规模共计 9.4 亿美元，约占全部环境产业市场的 82%。越南环境服务业的发展主要依靠以下措施：一是基础设施建设的推动；二是加强执法；三是探索用公私合营的方式来引进资金和技术。

从环境服务进出口贸易来看，越南环境服务，特别是关键产品和服务，例如环境监测，仍然主要依靠进口。越南国内的环保公司很多没有能力和技术水平来制造高水平的环境产品或提供达到国际标准的环境咨询和工程服务。例如，越南国内生产厂家能够生产测量水质 pH 值的设备，但是测量 BOD 和 COD 的设备则需要从欧洲、日本、韩国、美国等进口。分行业进口情况如图 4.11 所示，水运输、处理设备及化学药剂、大气污染控制设备、分析和检测系统、废弃物管理设备是比较依赖进口的行业部门，进口率依次为 60%、80%、90%和 40%。

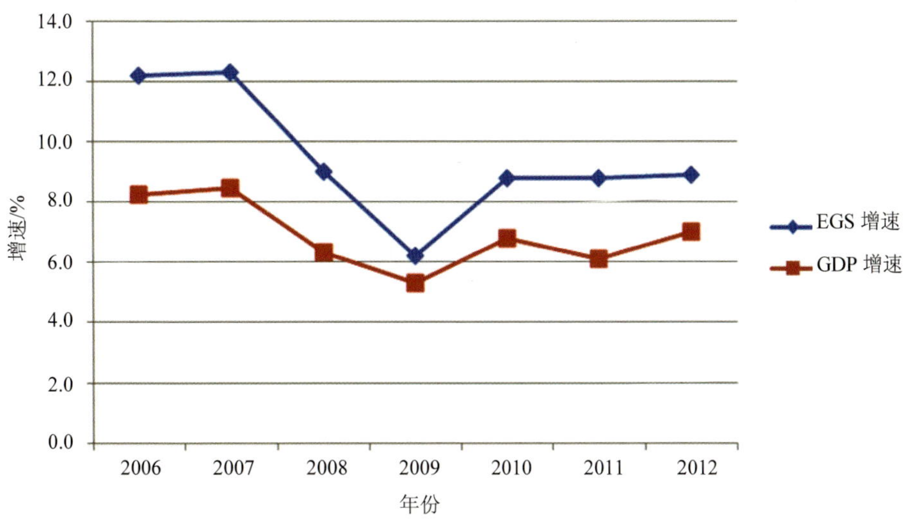


图 4.10 2006—2012 年越南环境产业与 GDP 增速

资料来源：Environment Business International，Inc.，San Diego，California.

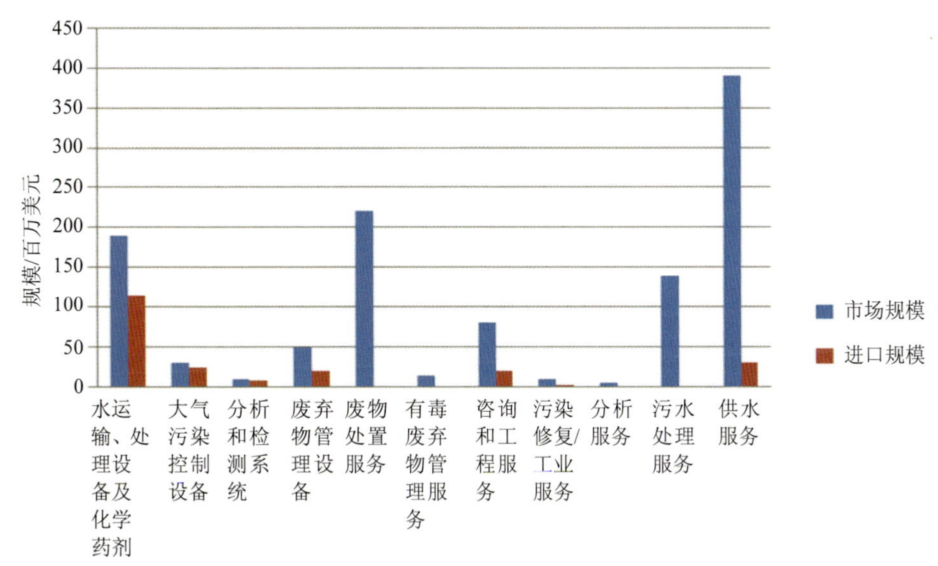


图 4.11 2010 年越南环境产业分部门进口状况

资料来源：Environment Business International，Inc.，San Diego，California.

## （二）欧洲环境服务业发展趋势

### 1. 西欧环境服务业基本进入成熟发展阶段

西欧环境服务业起步相对较早，现在整体上处于成熟发展阶段。西欧环境服务业进入成熟发展阶段的第一个标志是环境服务业在环境产业中的比重较高。2008 年西欧环境服务业市场规模为 1 018 亿美元，占环境产业的 45.7%。环境服务项目集中在废物处置和污水处理服务，两者 2008 年市场规模分别为 368.3 亿美元和 279.2 亿美元，占环境服务业的 36.2%和 27.4%。环境测试与分析服务市场规模相对较小，2008 年市场规模为 13.2 亿美元，仅占环境服务业的 1.3%，但从全球来看，是仅次于美国的第二大市场。西欧环境服务业进入成熟发展阶段的第二个标志是，西欧环境产业低速平稳增长。1997 年西欧环境产业市场规模为 1 436.7 亿美元，2010 年增长为 2 233.3 亿美元，1997—2010 年年均增速为 3.5%。预计 2014 年环境产业市场规模将达到 2 412.3 亿美元，2011—2014 年环境产业增速保持在 2%左右。与同处于市场成熟发展阶段的美国相比，两者环境产业增长速度相差不多，且变化趋势比较一致（图 4.12）。

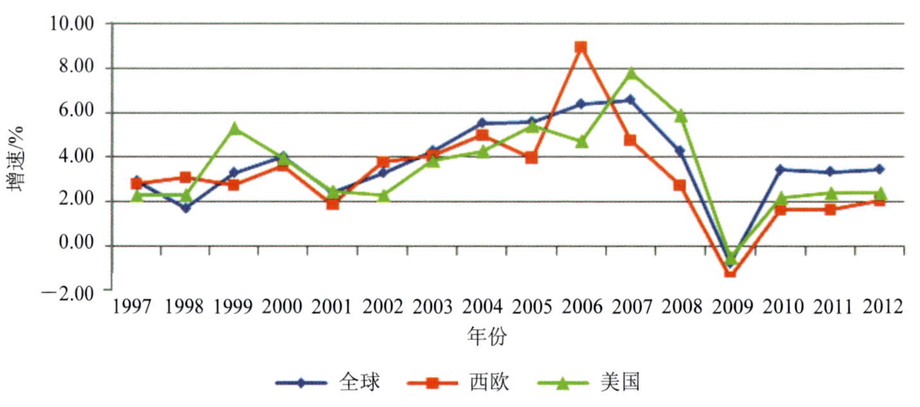


图 4.12 欧洲、美国 1997—2012 年环境产业增速对比

资料来源：Environment Business International，Inc.，San Diego，California.

### 2. 西欧各国环境服务业占 GDP 比重接近 1%

2004 年西欧环境产业占 GDP 比重平均约为 1.95%，环境服务业占 GDP 比重平均约为 0.9%。而美国 2008 年环境服务业占 GDP 比重为 1.01%，日本为 0.91%。从表 4.5

可以看出，虽然环境产业均占 GDP 较高水平，但不同西欧国家之间也存在差异，按环境产业占 GDP 比重的大小可以将西欧国家大致分为三个层次（表 4.5），其中德国、荷兰、瑞士、瑞典、奥地利、芬兰、冰岛位于第一层次，环境产业占 GDP 比重均超过 2%；意大利、葡萄牙、西班牙、希腊则位于第三层次；环境产业占 GDP 比重小于 1.5%，其他为第二层次。

表 4.5 2001 年、2004 年西欧各国环境产业占 GDP 份额

| 国家 | 占 GDP 份额/% | |
|---|---|---|
| | 2001 年 | 2004 年 |
| 德国 | 2.36 | 2.38 |
| 英国 | 1.81 | 1.85 |
| 法国 | 1.86 | 1.89 |
| 意大利 | 1.45 | 1.55 |
| 荷兰 | 2.24 | 2.27 |
| 西班牙 | 1.49 | 1.69 |
| 瑞士 | 2.15 | 2.24 |
| 瑞典 | 2.09 | 2.18 |
| 奥地利 | 2.19 | 2.21 |
| 比利时 | 1.59 | 1.61 |
| 芬兰 | 2.08 | 2.09 |
| 丹麦 | 1.84 | 1.86 |
| 挪威 | 1.73 | 1.75 |
| 葡萄牙 | 1.48 | 1.63 |
| 希腊 | 1.28 | 1.44 |
| 爱尔兰 | 1.66 | 1.91 |
| 卢森堡 | 1.65 | 1.73 |
| 冰岛 | 2.22 | 2.29 |
| 总计 | 1.90 | 1.95 |

资料来源：Environment Business International，Inc.，San Diego，California.

### 3. 东欧环境产业投入增长迅速

东欧国家环境服务业发展相对缓慢，但环境投资增长迅速。2008 年东欧环境服务业市场规模为 61.9 亿美元，占本国环境产业的 39.13%，低于世界平均水平。2001 年环境产业市场规模为 98.9 亿美元，占 GDP 的 1.31%，2004 年为 133 亿美元，占 GDP 的 1.53%，2001—2004 年年均增长 9.7%，低于新兴市场国家增速。随着东欧国家逐渐

加入欧盟，为了达到欧盟立法中对于环境保护的严格标准，已加入欧盟或准备加入欧盟的东欧国家需要持续增加环境产业投资。据欧盟委员会统计，2004 年加入欧盟的波兰、匈牙利、捷克、斯洛伐克、斯洛文尼亚、爱沙尼亚、拉脱维亚达到欧盟环境立法的要求需要投资约 80 亿～110 亿欧元（96.8 亿～133.1 亿美元），相当于人均 1 057 欧元。据世界银行估计，2007 年加入的保加利亚需要投入的资金约为 GDP 的 11%。现在及今后一段时间对环境领域的持续大量投资会促进东欧国家环境服务业的加速发展。

表 4.6　2001 年、2004 年东欧各国环境产业占 GDP 份额

| 国家 | 占 GDP 份额/% | |
|---|---|---|
| | 2001 年 | 2004 年 |
| 波斯尼亚和黑塞哥维那 | 1.34 | 1.77 |
| 保加利亚 | 1.04 | 1.42 |
| 克罗地亚 | 1.19 | 1.58 |
| 捷克 | 1.40 | 1.64 |
| 爱沙尼亚 | 1.40 | 1.95 |
| 匈牙利 | 1.36 | 1.64 |
| 拉脱维亚 | 1.15 | 1.72 |
| 立陶宛 | 1.09 | 1.45 |
| 波兰 | 1.67 | 1.93 |
| 罗马尼亚 | 1.07 | 1.48 |
| 斯洛伐克 | 1.33 | 1.68 |
| 斯洛文尼亚 | 1.26 | 1.54 |
| 俄罗斯 | 1.12 | 1.25 |
| 总计 | 1.31 | 1.53 |

资料来源：Environment Business International，Inc.，San Diego，California.

### 4．欧洲主要国家环境服务业发展趋势

#### （1）德国

德国环境服务市场规模居欧盟国家之首，环境服务项目集中在废物管理及资源回收。2010 年德国环境产业市场规模为 625 亿美元，占本国 GDP 的 1.9%，占全球环境产业的 7.8%。2001—2010 年德国环境产业年增速与全球平均水平相当，预计 2014 年德国环境产业市场规模将达到 671.1 亿美元。德国 1996 年颁布的《资源闭合循环和废物管理法》极大地促进了废物管理服务的成熟发展，但该服务还没有实现私有化。未来德国在污水处理和环境修复服务领域仍有较大增长空间。

（2）**英国**

英国环境服务业占 GDP 比重较高，污水处理服务领域发展成熟。英国曾经是欧洲环境污染程度最严重的国家，但其在改善空气质量、减少废弃物、提高循环利用率方面做出了大量努力。2010 年英国环境产业市场规模为 361.9 亿美元，占全球环境产业的 4.5%，占本国 GDP 的 1.6%。相比欧洲其他国家，英国环境产业在近 10 年保持了较快增长，2001—2010 年年均增速达 3.8%，预计 2014 年英国环境产业市场规模将达到 403.2 亿美元。英国污水处理服务于 1989 年实现私有化，至今已经发展成熟，污水处理市场上来自本土和国外的企业竞争激烈。英国为环境设备净进口国家，1995 年环境设备贸易顺差达 5 亿美元。目前英国污水处理设备产值约 12 亿美元。近年英国环境咨询服务迅速发展，2004—2007 年的环比增速均在 10%以上，2009 年受金融危机影响出现负增长，2010 年回升至 1.3%（图 4.13）。

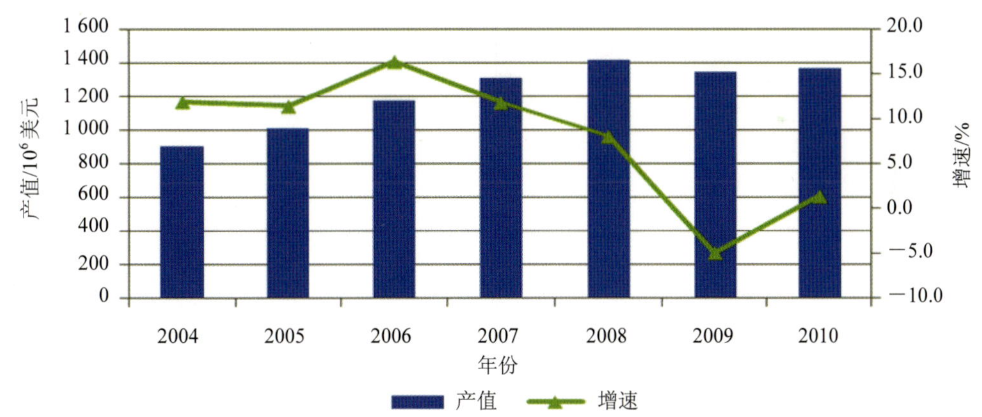


图 4.13 英国 2004—2010 年环境咨询服务产值及增速

资料来源：Environment Business International，Inc.，San Diego，California.

（3）**法国**

法国环境服务市场发展比较成熟，服务项目集中在污水处理和废物管理领域。2010 年法国环境产业市场规模为 316.2 亿美元，占全球环境产业的 3.9%，占本国 GDP 的 1.2%。2001—2010 年法国环境产业年均增长率为 2.8%，低于本国同期 GDP 年均增速，预计 2011—2014 年法国环境产业年均增长率在 2.1%左右，2014 年环境产业市场规模将达 342.5 亿美元。污水处理及相关行业产值在 2001 年占法国环境产业总产值的比重为 50%，废物管理则达到 20%。据法国环保部称，法国的市政污水管网化率达 81%，市政污水处理服务在法国已经发展成熟。法国的环境产品及服务供给集中在两大跨国公司（威望迪环境集团和苏伊士水务集团），两者提供了法国环境市场约 1/3 的供给。

（4）**意大利**

意大利经济增长缓慢，环境服务业也低速缓慢增长。由于环境服务数据欠缺，可以参考环境产业的发展趋势。2001 年意大利环境产业市场规模为 164.0 亿美元，2010 年增长至 201.6 亿美元，年均增速为 2.3%，略高于 GDP 增速（图 4.14）。预计 2011—2014 年环境产业年均增速只有 1.4%，2014 年环境市场规模达到 212.8 亿美元。意大利 2010 年环境产业占 GDP 比重为 1.0%，为在西欧国家中除希腊外占比最低的国家。

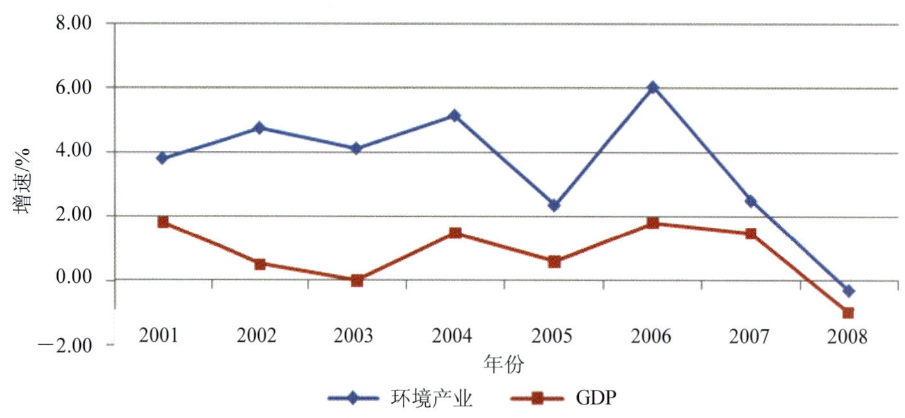


图 4.14 意大利 2001—2008 年环境产业与 GDP 增速对比

资料来源：Environment Business International，Inc.，San Diego，California.

## （三）美洲环境服务业发展趋势

### 1. 美洲环境服务业发展不均衡

美洲各国经济发展水平差异较大，环境服务业发展水平不均衡。美国和加拿大为发达国家，环境服务业发展比较成熟，其中美国是世界环境服务业第一大国，拥有成熟的市场，占有全球环境服务市场 37%的产值。墨西哥和南美洲国家多为发展中国家，环境服务业发展潜力较大，保持了良好的增长势头。从 1996 年起，墨西哥和南美洲主要国家（巴西、阿根廷、智利、委内瑞拉、哥伦比亚）环境产业一直保持 5%以上的增速，2005 年环比增速高达 13.4%，2009 年在发达经济体普遍出现负增长的情况下实现了 1%

的正增长，预计未来将以6%左右的增速稳定增长（图4.15）。墨西哥和南美洲主要国家环境产业在全球中的比重也逐年增加，由1996年的2.1%增长到2010年的3.4%，环境服务业所占比重也相应增长。中美洲地区多为欠发达小国，环境服务业发展比较落后。随着这些国家逐渐工业化，环境服务业预计会有所发展，但由于国家规模较小，增长规模有限。

图4.15 1996—2014年墨西哥和南美洲国家环境产业市场规模及增速

资料来源：Environment Business International，Inc.，San Diego，California.

### 2. 自由贸易协定对南美洲环境服务业发展有重要促进作用

中美洲和南美洲国家与发达国家签署的自由贸易协定，为这一地区环境服务业的发展提供了良好前景。智利与美国在2003年签署了双边自由贸易协定；随后中美洲五国与加勒比地区的多米尼加共和国在2005年与美国签署了美国—多米尼加—中美洲自由贸易协定（DR-CA-FTA）；秘鲁在2006年与美国签署了双边自由贸易协定，哥伦比亚在2006年与美国就自由贸易达成协议，并于2011年最终签署自由贸易协定。此外，近年来中美洲和南美洲国家与欧洲国家也签署了一系列自由贸易协定，这将促进中美洲及南美洲国家经济与贸易的发展，提高区域内经济一体化水平。发达国家对于环境的严格要求通过产业链转移到发展中国家，推动发展中国家包括环境服务业在内的整个环境产业的发展。

### 3. 美洲主要国家环境服务业发展趋势[①]

#### (1) 加拿大

加拿大国内具有稳健的环境服务市场和不断演进的生态保护政策体系，有望成为未来国际环境服务市场上的重要力量。加拿大市场结构与美国相似，具有行之有效的制度规定，激烈的市场竞争，广泛的工业基础及其环境、健康、安全方面的管理需求，2008年环境服务业产值达106亿美元，占全球环境服务业的2.9%，占本国环境产业的53.3%，占本国GDP的0.7%，环境服务市场发展比较成熟。近年来加拿大环境产业增速不断提高，环境服务业稳定发展，2001年环境产业市场规模为151.7亿美元，2010年增长至201.4亿美元，年均增长率达3.2%，但增速整体低于世界平均水平（图4.16）。加拿大环境服务业中，固体废物管理和污水处理服务占较大比重，2008年两者市场规模分别达36.0亿美元和30.1亿美元，分别占本国环境服务业市场规模的33.9%和28.4%（图4.17）。加拿大的环境产品与服务市场内需庞大，出口较少，为环境产品和服务净进口国。2007年环境产品和服务贸易逆差为6亿美元，2009年贸易逆差为3亿美元，相比于加拿大196亿美元的环境产业产值（2009年）环境产品和服务贸易只占很小份额。

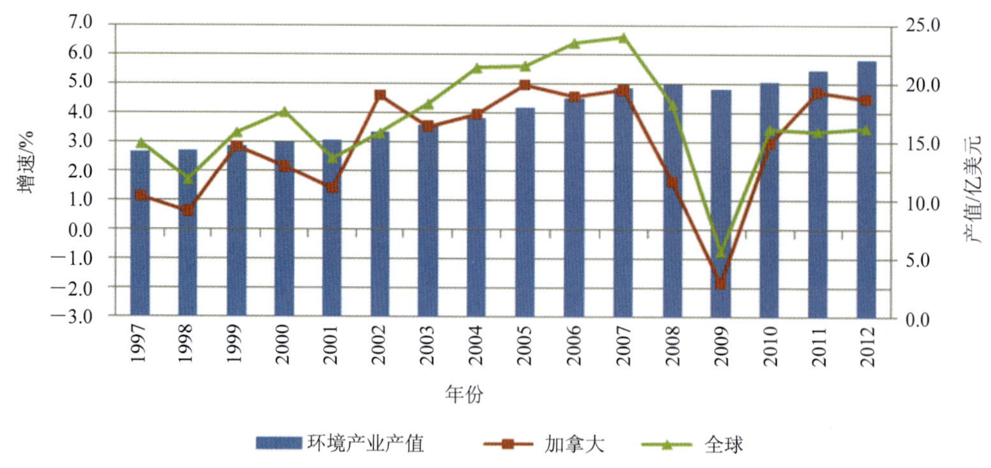


图4.16 1997—2012年加拿大环境产业市场规模及增速

资料来源：Environment Business International，Inc.，San Diego，California.

① 由于美国是全球环境服务业最重要的国家，单独做一节专述，此处暂不表述。

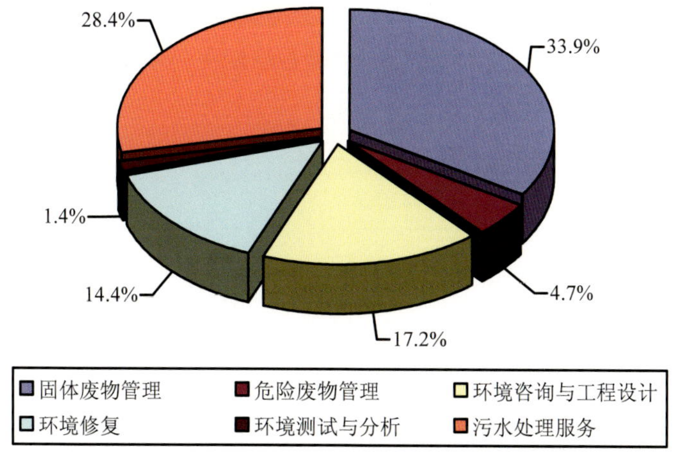


图 4.17　2008 年加拿大环境服务项目结构

资料来源：Environment Business International，Inc.，San Diego，California.

（2）**墨西哥**

墨西哥环境服务业增长迅速，环境产业与经济发展水平关系密切。2001 年墨西哥环境产业市场规模为 37.7 亿美元，2010 年增长至 66.7 亿美元，环境产业年均增长 6.5%，其中 2005 年增速高达 13.4%，按照发展中国家环境服务业在环境产业中比重逐渐上升趋势，墨西哥环境服务业在这期间也得到了较快发展。墨西哥环境产业发展与经济发展水平高度相关（图 4.18），1997—2010 年两者几乎保持了同样变动方向，环境产业增速略高于 GDP 增速。环境产品和服务进口在墨西哥环境市场中占较大比重，2007 年进口额为 30.4 亿美元，占环境产业市场规模的 49%，贸易逆差 25 亿美元；在 2009 年经济出现负增长的情况下，墨西哥环境服务和产品进口额仍达 29.8 亿美元，占环境产业市场规模的 47%，贸易逆差 22 亿美元。墨西哥环境服务业主要集中在固体废物和危险废弃物管理、空气污染控制领域。

（3）**巴西**

巴西经济发展水平位列南美洲之首，环境产业规模呈两位数增长。2000 年巴西环境产业市场规模为 57.8 亿美元，与 1999 年相比增长 12%，这种高速增长态势一直持续到 2005 年，这期间环境服务业也相应高速增长。2006 年开始环境产业增速有所放缓，但 2006—2010 年年均增速仍达 6.1%，2010 年环境产业市场规模增长至 142.9 亿美元，占本国 GDP 的 0.7%。巴西环境产业的这一发展趋势与亚洲六国（印度尼西亚、马来西亚、菲律宾、泰国、印度和中国）相同，但巴西环境产业发展速度总体低于亚洲六国（图4.19）。巴西的环境服务项目集中在污水处理、固体废物管理以及清洁与环境修复服务领域。由于巴西是世界第十大能源消费国，且以石油消费为主，由此带来的一系列环境问题将推动巴西环境服务业的发展。

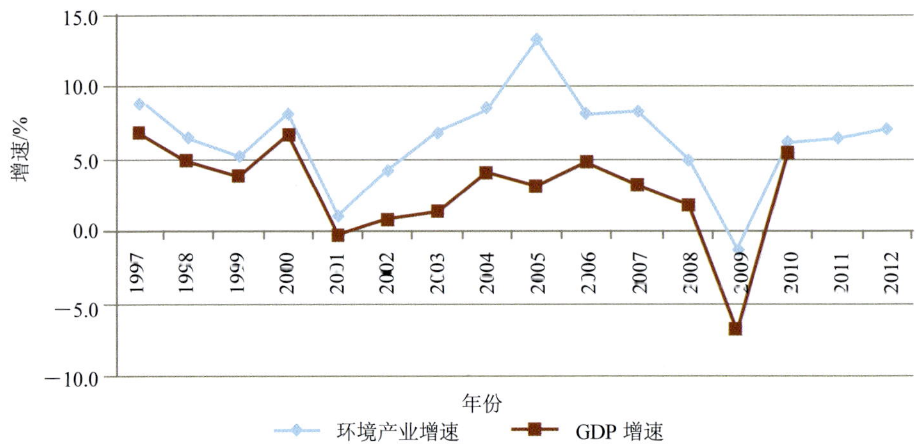


图 4.18 1997—2012 年墨西哥环境产业与 GDP 增速

资料来源：环境产业增速根据 Environment Business International 数据整理；1997—2008 年 GDP 增速：UN data；2009 年、2010 年 GDP 增速分别取自墨西哥财政与公共信贷部、墨西哥国家统计署。

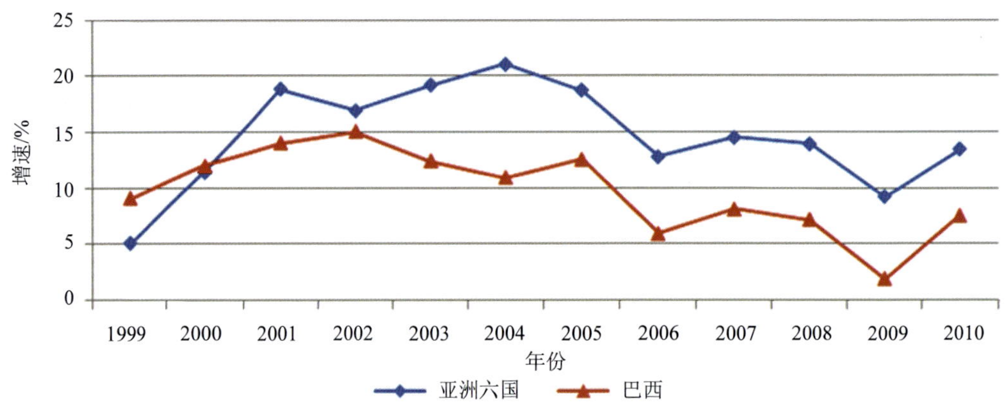


图 4.19 1999—2010 年巴西和亚洲六国环境产业发展情况

资料来源：Environment Business International，Inc.，San Diego，California.

(4) **智利**

智利环境产业发展迅速、市场潜力巨大。2010 年智利环境产业市场规模约为 34.8 亿美元，拥有 2 010 家私营企业，雇佣劳动者共达 28 700 人，环境产业产值占全国 GDP 总量的 1.7%。2006—2008 年，GDP 年均增长为 3.5%～4.5%，而环境产业的增速比其高出 5～6 个百分点，平均年增长率达 8%～10%。智利环境产业产值从 2006 年的 26.8 亿美元（占当年 GDP 的 1.5%）增长到 2010 年的 34.8 亿美元。智利环境产业的快速发展得益于供水服务、污水处理服务的快速发展。2010 年，此两项环保服务共约占整个环境产业市场的 60%，水运输、处理设备和化学药剂、固废管理服务分别位列第二和第三位，所占比例依次为 15%、11%。智利的环保设备主要依靠进口。2010 年智利环保设备市场规模约为 7.7 亿美元，占整个环保产业市场规模的 22%，其中约 62%依赖进口。

## （四）大洋洲环境服务业发展趋势

澳大利亚和新西兰是大洋洲主要的环境服务市场。2008 年两国环境服务业产值达 68 亿美元，占环境产业的 53.5%。两国环境服务项目主要集中在固体废物管理和污水处理服务，两项目 2008 年市场规模为 23.2 亿美元和 19.7 亿美元，分别占环境服务业的 34%和 29%；其次是环境修复服务和环境咨询与工程设计服务，2008 年市场规模为 11.5 亿美元和 9.3 亿美元，分别占环境服务业的 16%和 13%（图 4.20）。

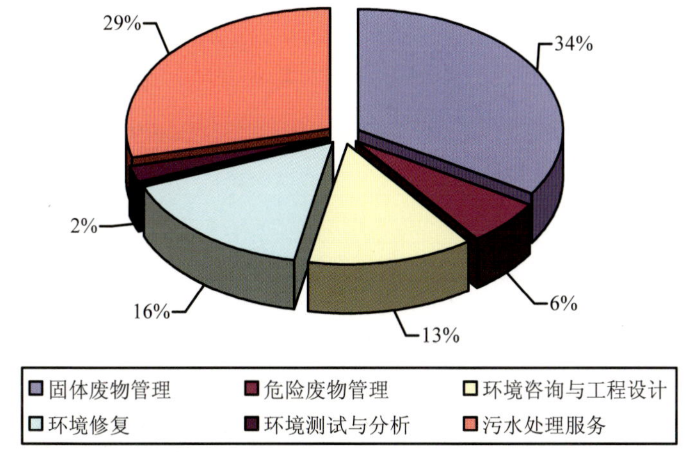


图 4.20 2008 年澳大利亚/新西兰环境服务项目分布

资料来源：Environment Business International，Inc.，San Diego，California.

（1）**澳大利亚**

澳大利亚环境服务市场比较成熟，水处理技术居于世界前列。2010 年澳大利亚环境产业市场规模达 113 亿美元，环境服务业市场规模约为 60.5 亿美元。2001—2010 年环境产业年均增速为 5.1%，预计 2011—2014 年年均增速减缓至 3.9%，2014 年环境产业市场规模将达到 132 亿美元。澳大利亚环境领域有 1 200 多家企业及机构，在污水处理服务、环境咨询与工程设计服务和环境修复服务领域有很强的国际竞争力。严峻的用水问题促使澳大利亚成为主要的先进水处理技术市场，在水循环利用技术上处于世界领先水平。

（2）**新西兰**

新西兰环境产业发展比较成熟，但落后于美国、日本等国家。2010 年环境服务业市场规模约为 10.7 亿美元，环境产业市场规模为 20.1 亿美元。环境产业市场规模占全球环境产业的 0.25%，占本国 GDP 的 1.43%，而美国、日本环境产业占 GDP 的比重均超过 2.0%。新西兰环境产业增速与 GDP 增速基本保持同步变动，与全球环境产业增速相差不大。预计 2011 年和 2012 年新西兰环境产业市场规模将分别达到 21 亿美元和 22 亿美元。

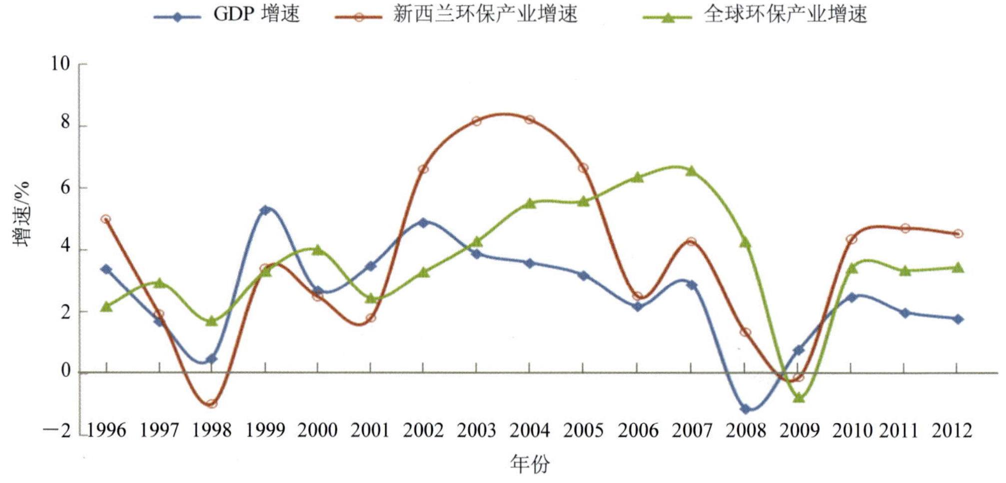


图 4.21 新西兰环保产业增速与本国 GDP 和全球环保产业增速对比

资料来源：新西兰环保产业增速、全球环保产业增速根据 Environment Business International 数据整理；1996—2009 年 GDP 增速：UN data；2010—2012 年 GDP 增速：新西兰统计局、汇丰银行。

## （五）非洲环境服务业发展趋势

### 1．非洲环境服务市场规模较小但发展迅速

非洲环境服务业起步晚，整体市场规模较小但发展迅速。2008 年非洲环境服务业市场规模为 30 亿美元，环境产业市场规模为 91 亿美元，分别占全球环境服务业和环境产业的 0.8%和 1.2%。环境服务业产值在本地区环境产业产值中的比重也较低，2008 年为 32.6%。但是，20 世纪末以来，非洲环境产业增长迅速，环境服务业也得到相应发展。1997—2010 年，非洲环境产业年均增速为 11.1%，其中 2004 年达到单年最高增速 19.4%（图 4.22）。2004—2008 年，非洲环境服务业年均增速 12.1%，增长速度高于环境产业增速。2009 年环境产业发展受经济下滑影响比较严重，出现 5.3%的负增长，说明与亚洲等其他环境产业同样高速发展的地区相比，非洲环境产业抗冲击能力不足。

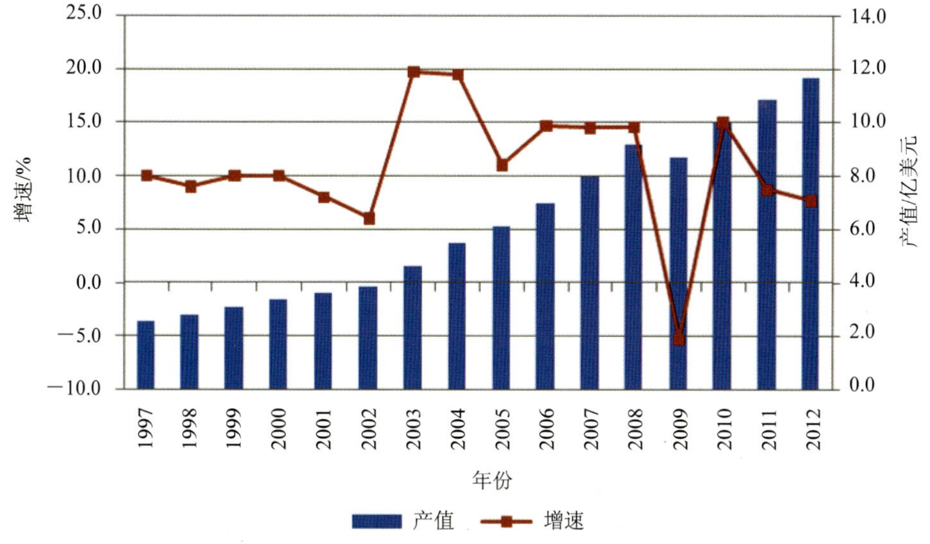


图 4.22　1997—2012 年非洲环境产业产值及增速

资料来源：Environment Business International，Inc.，San Diego，California.

### 2．非洲环境服务项目集中在污水处理和固体废物管理

非洲环境服务项目发展不平衡，固体废物管理服务和污水处理服务发展较快。2004 年固体废物管理和污水处理服务市场规模分别为 7 亿美元和 4 亿美元，分别占非洲环境

服务业的37%和21%，合计占58%；到2008年时两者市场规模达到12亿美元和7亿美元，分别占环境服务业的40%和23%，合计占63%。固体废物管理和污水处理服务在环境服务中的比重有明显增加，而除环境修复服务在环境服务中比重略有增长外其他服务项目比重均有所下降。

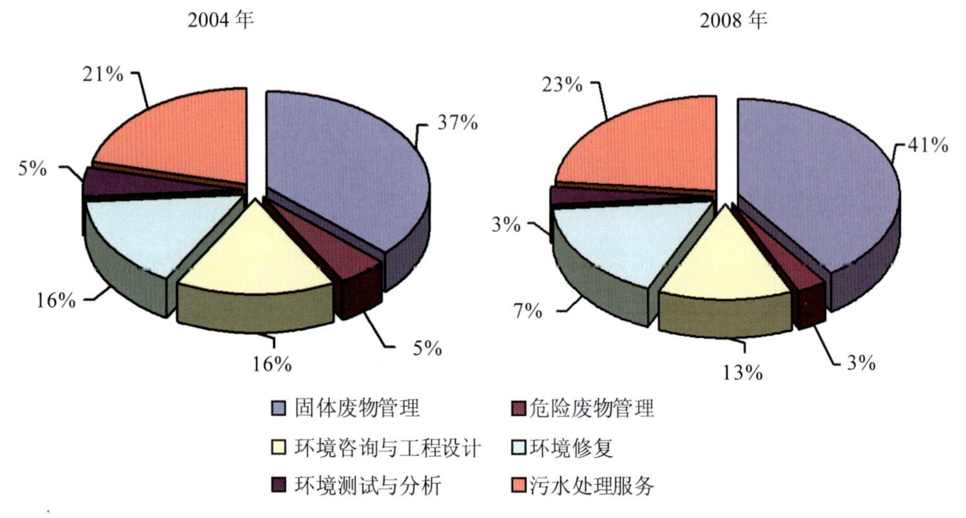


图4.23 2004年、2008年非洲环境服务项目分布对比

资料来源：Environment Business International，Inc.，San Diego，California.

## 三、美国环境服务业和环境服务贸易发展趋势和特点

### （一）美国环境服务业发展概况

20世纪80年代美国环境产业繁荣发展，年增速大部分在10%以上，最高时超过同期GDP增速的12%，与此同时环境服务开始兴起。目前，美国已经形成了包括环境测试与分析服务、污水处理服务、固体废物管理服务、危险废物管理服务、清洁与环境修复服务和环境咨询与工程设计服务在内的比较成熟的环境服务体系。

#### 1. 美国是全球环境服务业第一大国

2010年美国环境服务业产值约1 491亿美元，位居世界第一，占全球环境服务业总产值的40.4%，占美国环保产业总产值的47.0%，约为排名第二的日本环境服务业产值

的 3 倍。1997—2010 年美国环境产业低速平稳增长，年均增速为 4.0%，略高于美国 GDP 增速（图 4.24）。预计 2011 年和 2012 年美国环境产业市场规模将分别达到 3 057 亿美元和 3 130 亿美元。环境服务业约占环境产业一半份额（图 4.25），与环境产业的发展趋势基本保持一致①。

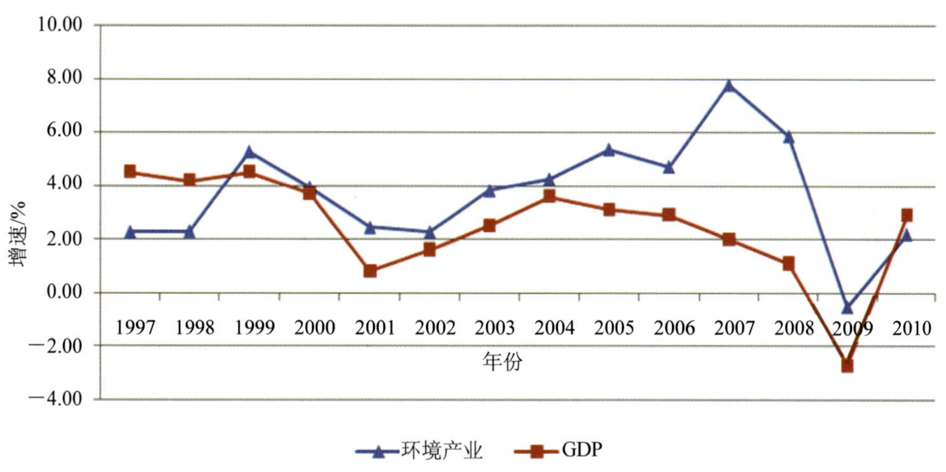


图 4.24　美国环境产业与经济发展关系

资料来源：环境产业增速根据 Environment Business International 数据整理；1991—2008 年 GDP 增速：UN data；2009 年、2010 年 GDP 增速分别为 IMF 和美国商务部数据。

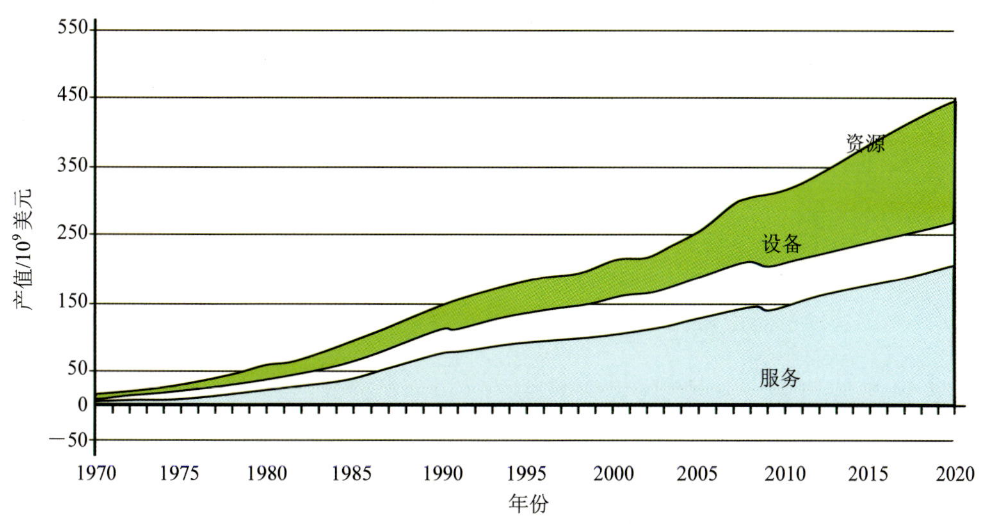


图 4.25　美国环境产业

资料来源：Environment Business International，Inc.，San Diego，California.

① 2007 年环境产业却出现了短暂的上升趋势，这主要是环境资源业在这期间出现了大幅上涨。

### 2. 美国环境服务业逐渐成为拉动 GDP 增长的重要动力

美国环境服务业占GDP的比重越来越高，逐渐成为拉动GDP增长的动力之一。1980年环境服务业产值只占GDP比重的0.44%，到1990年这一比重上升到1.08%，10年时间实现了翻倍增长。在这之后环境服务业占GDP份额增速有所减缓，但仍持续稳步上升，2010年环境服务业占GDP份额为1.13%（表4.7）。环境服务业对GDP增长的促进作用逐渐显现。

表 4.7 1980 年、1990 年、2000 年、2010 年美国环境服务业占 GDP 比重

| | 占 GDP 比重/% | | | |
|---|---|---|---|---|
| | 1980 年 | 1990 年 | 2000 年 | 2010 年 |
| 环境服务业占 GDP 比重 | 0.44 | 1.08 | 1.12 | 1.13 |

资料来源：Environment Business International，Inc.，San Diego，California.

### 3. 美国环境服务业集中在废物管理和污水处理服务领域

2010年美国废物管理服务产值为611.5亿美元，污水处理服务产值为469.1亿美元，环境咨询与工程设计服务产值为270.2亿美元，环境修复服务产值为121.8亿美元，环境测试与分析服务产值为18.4亿美元。废物管理服务是美国最大的环境服务市场，占环境服务产值的42.0%；其次是污水处理服务市场，占环境服务产值的31.5%。环境测试与分析服务的市场规模最小，仅为环境服务业产值的1.2%。从1980年到2010年的30年间，美国环境服务业废物管理和污水处理服务占绝对优势的不平衡结构没有发生大的变化（图4.26）。

### 4. 美国环境服务业供给以私营部门为主，需求以政府部门为主

截至2009年底，环境服务业61.2%的产值由私营部门提供，其余由政府部门提供。清洁与环境修复服务、环境咨询与工程设计服务是完全私有化的，环境测试与分析服务和危险废物管理服务均有96%由私营部门提供，固体废物管理服务74%的产值来自私营部门。污水处理服务的私有化程度最低，只有4%的产值是由私营部门提供的（表4.8）。

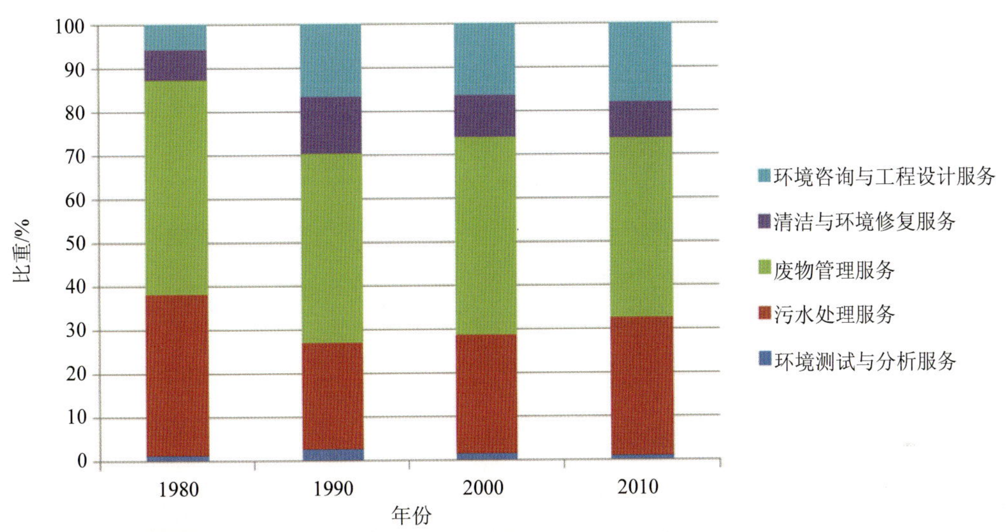


图 4.26 美国环境服务项目结构

资料来源：Environment Business International，Inc.，San Diego，California.

表 4.8 美国环境服务供给结构

| 环境服务 | 比例/% | |
|---|---|---|
| | 政府部门 | 私营部门 |
| 环境测试与分析服务 | 4 | 96 |
| 污水处理服务 | 96 | 4 |
| 固体废物管理服务 | 26 | 74 |
| 危险废物管理服务 | 4 | 96 |
| 清洁与环境修复服务 | 0 | 100 |
| 环境咨询与工程设计服务 | 0 | 100 |

资料来源：Environment Business International，Inc.，San Diego，California.

2009 年政府部门环境服务需求达 877 亿美元，占环境服务总需求的 61%。从图 4.27 可以看出，政府部门和私营部门的环境服务需求均集中在污水处理服务和固体废物管理服务，但政府部门对两项服务需求更多，分别占两项服务总需求的 70%和 59%。从整个环境产业来看，公私需求分布相对均衡，政府需求占环境产业总需求的 48%，私营部门占 52%。

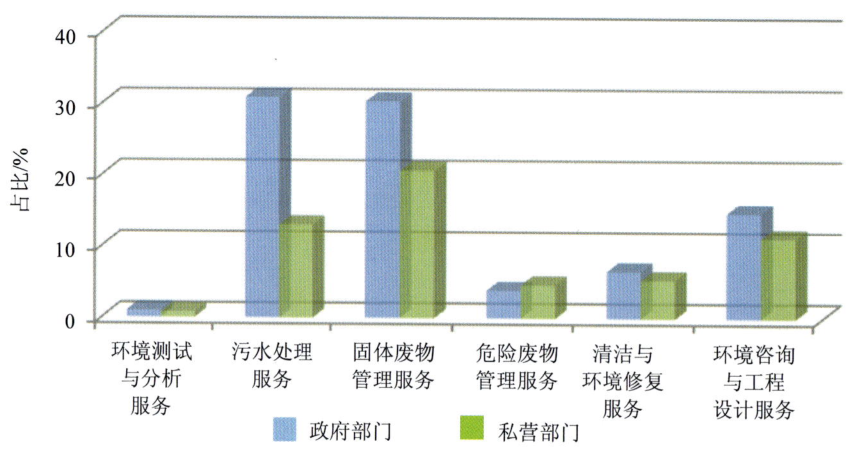


图 4.27 美国环境服务需求结构

资料来源：Environment Business International，Inc.，San Diego，California.

### 5．美国环境服务业创造了大量就业岗位

2009 年美国环境服务业从业人数约 84 万人，占环境产业从业人数的一半，约为美国劳动力人数的 0.5%。固体废物管理服务从业人数最多，为 26.5 万人，占环境服务业从业人数的 31.5%；其次是环境咨询与工程设计服务，为 24.6 万人，占环境服务业从业人数的 29.2%。从业人员最少的是环境测试与分析服务，为 2 万人，占环境服务业从业人数的 2.3%。

2004 年以来，美国环境服务业从业人数不断增加。固体废物管理和环境咨询与工程设计服务两部门从业人数增加最为显著，2006 年以前年增速均在 4%以上，其中环境咨询与工程设计服务部门 2006 年就业人数为 26.4 万人，比 2005 年增加 2.9 万人，增幅为 12.3%。2006 年以后这两个部门的从业人数有所下降，但仍然是环境服务业吸纳就业的主力。污水处理服务部门从业人数基本保持了增长态势，在 2009 年受金融危机影响环境服务业从业人数总体下降的情况下，污水处理服务部门从业人数比 2007 年增长了 11.2%（图 4.28）。

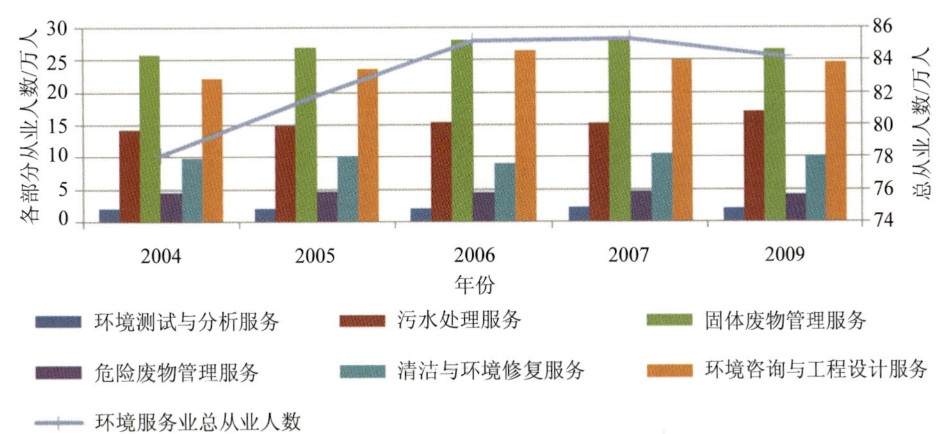


图 4.28　美国环境服务业从业情况

资料来源：Environment Business International，Inc.，San Diego，California.

### 6. 美国是环境服务贸易第一大顺差国

美国是全球第一大环境服务出口国，2009 年出口额为 47.3 亿美元，占美国环境服务业总产值的 3.3%，占美国环境产业出口额的 11.7%。同年美国环境产业出口总额达 405 亿美元，占全球环境产业贸易额的 31%。2009 年美国环境服务进口额为 39 亿美元，占美国环境服务业总产值的 2.7%，占美国环境产业进口额的 14.2%。2009 年贸易顺差为 8.3 亿美元。虽然与美国巨大的环境市场相比，环境服务进口只占很小份额，但与其他国家相比，其绝对值仍然很大，2009 年环境服务业进口额相当于俄罗斯整个环境产业的产值。

美国环境服务进口主要集中在环境咨询与工程设计服务和污水处理服务，占环境服务进口总额的 66.7%。环境测试与分析服务目前没有进口。美国环境服务出口以环境咨询与工程设计服务为主，占环境服务出口额的 70.2%，其余依次是环境修复服务、污水处理服务、固体废物管理服务、环境测试与分析服务和危险废物管理服务（图 4.29）。这与美国国内环境服务供给则以固体废物管理服务和污水处理服务为主不同（图 4.30），主要是由于除环境咨询与工程设计服务之外的其他服务的提供会受到其他国家对于自然人移动、商业存在等的限制，随着贸易自由化的发展，这种现象可能会被逐渐打破。

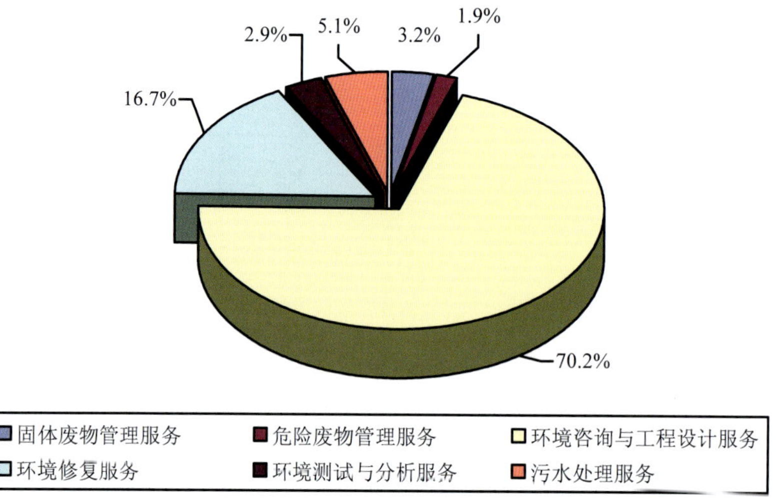


图 4.29 美国环境服务出口结构

资料来源：Environment Business International，Inc.，San Diego，California.

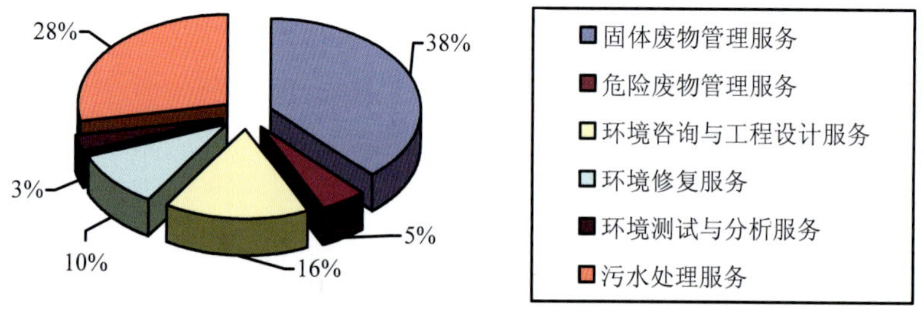


图 4.30 美国环境服务供给结构

资料来源：Environment Business International，Inc.，San Diego，California.

美国环境产业出口比例逐年增加。1994 年环境产业出口额占美国环境产业产值的比重为 6.7%，到 2000 年这一比例突破 10%，2007 年达到峰值 15.5%。从 2006 年起美国环境产业出口比例进入加速增长期，2006 年和 2007 年的增速分别为 1.48%和 1.12%，与 2005 年相比增长了一倍。随着 2008 年全球性金融危机的爆发，环境产业出口比例有所下降，但仍在 13.5%以上（图 4.31）。

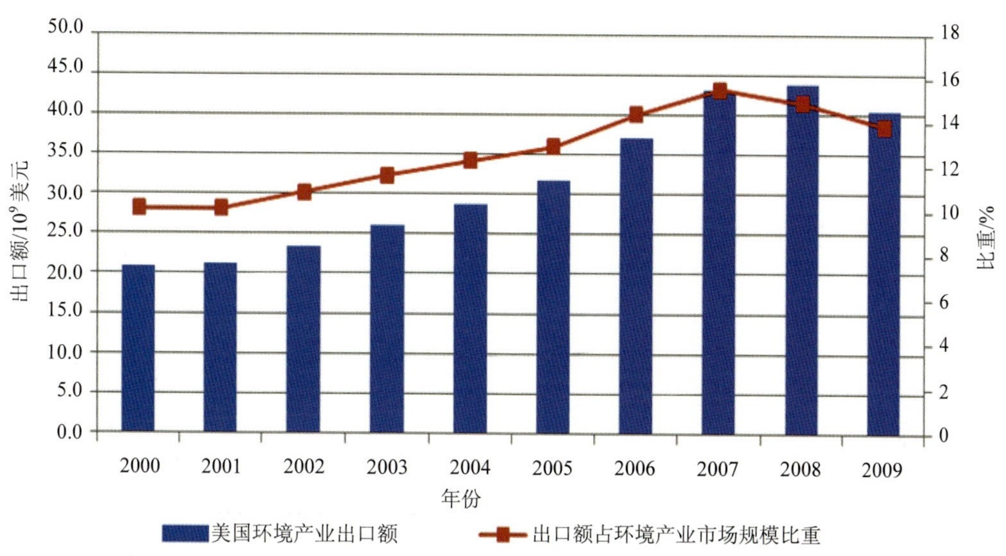


图 4.31 美国环境产业出口情况

资料来源：Environment Business International，Inc.，San Diego，California.

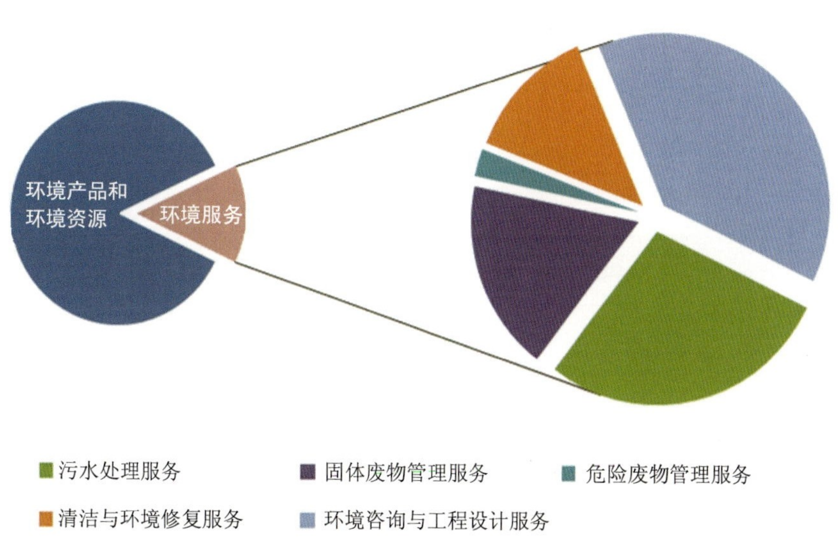


图 4.32 美国环境服务进口情况

资料来源：Environment Business International，Inc.，San Diego，California.

### 7. 参与环境服务出口的企业相对较少

美国参与环境服务出口的企业只有 540 家，占所有美国环境服务提供企业数的 1.24%，占所有环境产业出口企业数的 22.4%。

与环境服务出口结构相同，环境服务出口企业主要集中在环境咨询与工程设计服务和环境修复服务两个领域，占到环境服务出口企业数的 92.6%（图 4.33）。但这两个服务项目出口企业数仅占两项服务提供企业总数的 1.1%。与污水处理服务庞大的企业群相比，污水处理出口企业只占其 0.019%。这可能与美国环境服务项目的私有化程度有关。

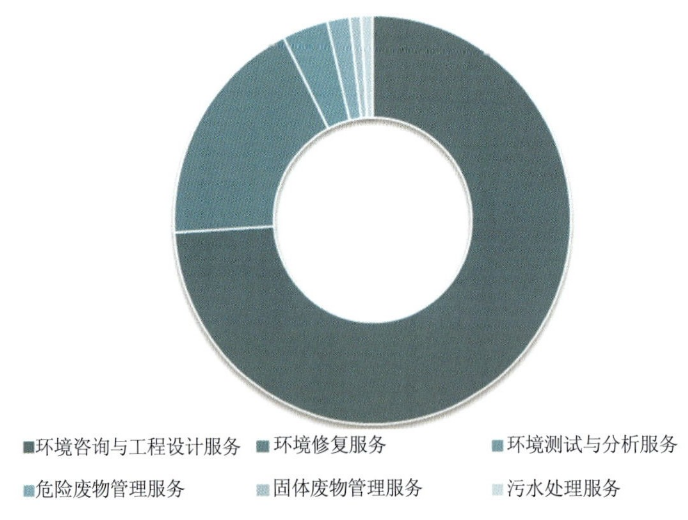


图 4.33 美国环境服务出口企业结构

资料来源：Environment Business International，Inc.，San Diego，California.

## （二）美国环境服务业发展的驱动力分析

环境产业的发展一般分为七个阶段：①公众意识及压力；②政府政策意愿；③制定法律；④法规出台及相关机构授权；⑤环境法律法规的执行（为污染控制、清理及污水管理等环境企业创造市场）；⑥为规避监管和法律责任采取积极行动（污染防治）；⑦环保行为的内化和整合（可持续发展）。目前美国整体处于由阶段 4 和阶段 5 向阶段 6 和阶段 7 转变的过程。在这一过程中，影响美国环境服务业发展的因素除了经济发展水平等还主要表现在以下几个方面：

### 1．环境立法和执法拉动环境服务市场需求

美国完善的环境立法以及法律监管执行力度有效推动了环境服务需求，为环境服务业发展创造了较大的市场空间。影响环境服务市场的主要联邦立法有：1976 年制定，1984 年、1986 年两次修订的《资源保护和回收法》（RCRA）；1980 年制定，后多次修订的《综合环境反应、赔偿和责任法》（CERCLA）；1970 年制定，1990 年修订的《清洁空气法》（CAA）；1972 年制定，后多次修订的《联邦水污染防治法》（FWPCA），又名《清洁水法》（CWA）。这些立法规定了详细的环境保护责任、污染排放和处理标准、信息管理要求以及处罚措施等，刺激了市场对环境服务的需求。此外，联邦政府不断鼓励各州和地方当局在联邦立法发挥作用之前就解决环境问题，且州和地方当局的规制要比适用联邦法规更严格，这就使得地方环境项目不仅通过更严格的遵守联邦环境法规，而且通过更多创新性的办法来解决环境问题。

### 2．资源和排污成本提高推动环境服务业发展

美国自然资源消耗量超过了世界总消耗量的 1/4，资源大量消耗导致的资源紧缺以及对自然资源的保护性立法使可得自然资源价格越来越高。处于从阶段 4、阶段 5 向阶段 6、阶段 7 转型的美国已具备比较完善的环境污染管理规制，企业排放污染物的成本也较高。自然资源使用与回收资源使用之间的价差，以及减少污染物排放节约的成本，将成为减少废物排放、防治污染以及经济资源回收利用的驱动力。这种现象在水资源的利用上已经表现得很明显。从 1990 年开始，水费以及污水排放治理费征收额增速均远高于消费者物价指数（CPI）的增速，1994 年水费增长速度为 CPI 增速的 2 倍，污水排放治理费增长速度为 CPI 的 3.5 倍（图 4.34）。与支付大量水进出产生的水费及污水排放治理费相比，企业设立循环用水系统更为划算。这对旨在帮助污染产生和排放者最大限度地减少和回收“浪费”资源的环境服务业发展有较大的推动作用。

### 3．贸易自由化扩展环境服务市场空间

北美自由贸易区的建立和发展增加美国环境服务出口。美国、加拿大及墨西哥三国 1992 年 8 月 12 日签署并于 1994 年 1 月 1 日正式生效的北美自由贸易协定，宣告北美自由贸易区（NAFTA）的成立，开创了南北国家在区域范围内利用自由贸易区进行合作的先河。10 多年来，北美自由贸易区已经发展成为世界上最大的自贸区。自贸区内取消了绝大多数产业部门的投资限制，放宽对白领工人的流动限制，这对于环境服务通

过最主要的两种供应模式——商业存在和自然人移动实现跨国贸易有极大的促进作用。作为发展中国家的墨西哥对环境基础设施及环境服务具有长期需求，2009 年墨西哥环境产业市场规模仅为美国的 2.2%，47%的环境服务和环境产品依赖进口，北美自由贸易区为美国环境服务出口墨西哥提供了便利，促进美国环境服务业的发展。

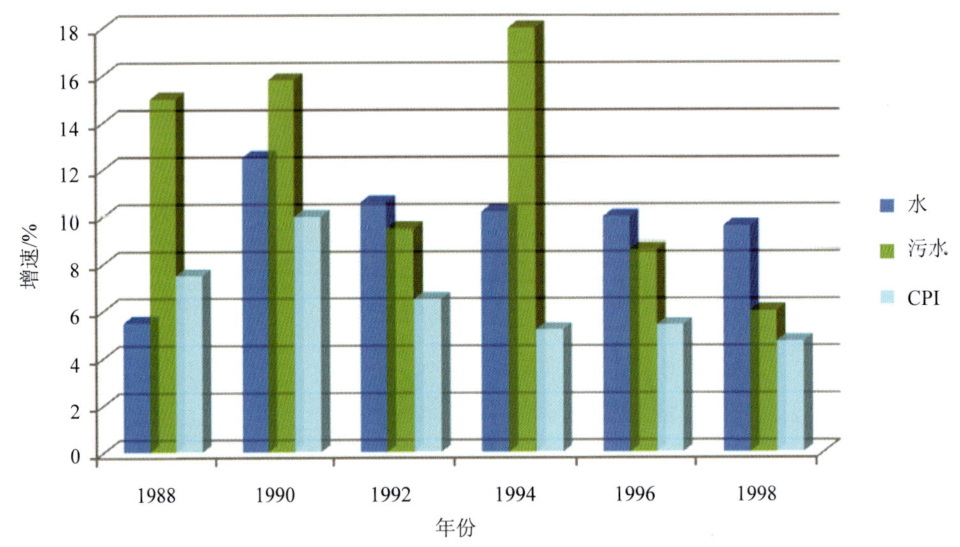


图 4.34 美国 1988—1998 年水费、污水处理费及物价增速

资料来源：Environment Business International，Inc.，San Diego，California.

## 四、中国环境服务业和环境服务贸易发展趋势及特征

### （一）中国环境服务业总体情况

中国环境服务业起步较晚、发展较快。20 世纪 90 年代中期之前，从事环境服务业的主体是各科研设计单位，主要内容以开发、设计等技术性服务为主。20 世纪 90 年代后期，随着环境立法不断完善，环境执法不断严格，以及市场化的逐步推进，环境服务业的主要内容也从单一的技术服务向决策、管理、金融、工程总承包、运营服务等综合、全方位的智力型服务发展，结构性调整明显加快。

据美国环境商业国际公司（EBI）数据显示，中国 1994 年环境服务业市场规模为 14.8 亿美元，占环境产业的 39.47%；到 2000 年增长到 21.9 亿美元，占环境产业的 39.46%，环境服务年均增长 8%。2010 年中国环境产业市场规模为 320 亿美元，折合人民币 2 166.4 亿元。但根据中国环保产业协会估计，2006—2010 年中国环境服务业保持年均 30%以上的速度增长，环境产业产值年均增长 15%。2010 年环境服务业收入总额比 2004 年增长了约 4.7 倍。2010 年末，中国环境服务业年收入总额约 1 500 亿元，环境服务业在环境产业中的比重约为 15%，从业单位约 1.2 万家，从业人数约 270 万人。2010 年环境产业的年收入总值约 11 000 亿元，占 GDP 的比重为 2%～3%。中国环境服务业发展概况（表 4.9）。

表 4.9　中国环境服务业发展概况

| 项　目 | 1993 年 | 2000 年 | 2004 年 | 2010 年 |
|---|---|---|---|---|
| 从业单位数/个 | 3 401 | 5 930 | 3 387 | 12 000 |
| 从业人数/万人 | — | 16.4 | 17.0 | 270 |
| 年收入总额/亿元 | 11.1 | 108.0 | 264.1 | 1 500 |
| 年利润总额/亿元 | 6.6 | 10.6 | 26.2 | — |
| 利润率/% | 59.5 | 9.8 | 9.9 | — |

资料来源：1993 年、2000 年、2004 年数据来自全国环境保护相关产业（调查）状况公报；2010 年数据为估算值。

可以看出，由于涵盖范围不同、统计口径不同，国内和国外数据对于中国环境服务业的数据描述差异较大。

表 4.10　关于中国环境服务业规模的国内和国外数据比较

| 年份 | 环境服务业市场规模/亿元 | | 环境产业市场规模/亿元 | |
|---|---|---|---|---|
| | 国内数据 | EBI 数据 | 国内数据 | EBI 数据 |
| 2000 | 108 | 148 | — | 376 |
| 2010 | 1 500 | — | 11 000 | 2 166.4 |

注：EBI 数据为美元折合成人民币，统一使用 1 美元=6.77 元人民币的汇率。

## （二）中国环境服务业发展趋势及特点

### 1. 环境服务业发展迅速，市场化程度不断提高

中国环境服务业发展迅速，市场化程度不断提高，特别是污水和固体废弃物处理服务市场化率增长显著。EBI 数据显示，2004—2010 年中国环境产业年增长速度均在 10% 以上，最高时增速达 19.5%。在 2009 年全球环境产业负增长 0.7%时，中国环境产业增速仍高达 10.4%（图 4.35）。环境服务业在环境产业中的比重总体呈上升趋势，在此期间也得到了迅速发展。

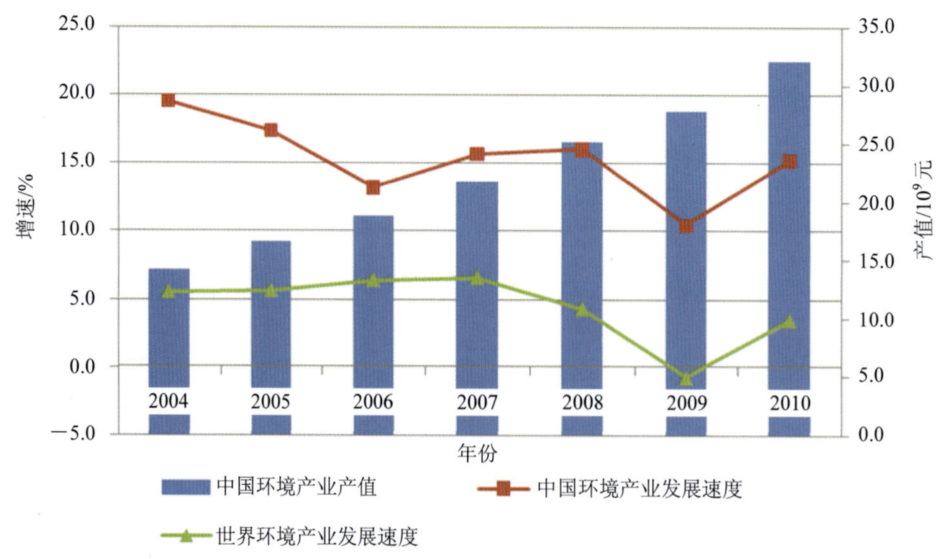


图 4.35 2004—2010 年中国环境产业发展趋势

资料来源：Environment Business International，Inc.，San Diego，California.

### 2. 环境产业与经济发展水平同向变动

中国环境产业与经济发展水平的变动趋势基本一致，但变动幅度大于后者。从图 4.36 可以看出，两者为正相关关系，2009 年中国 GDP 增长 8.7%，为 2002 年以来的最小增幅，比 2008 年下滑 0.3%，而环境产业增长 11.8%，比 2008 年下滑 5.7%，同为 2002 年以来的最小增幅。环境产业受经济发展水平影响波动较大。

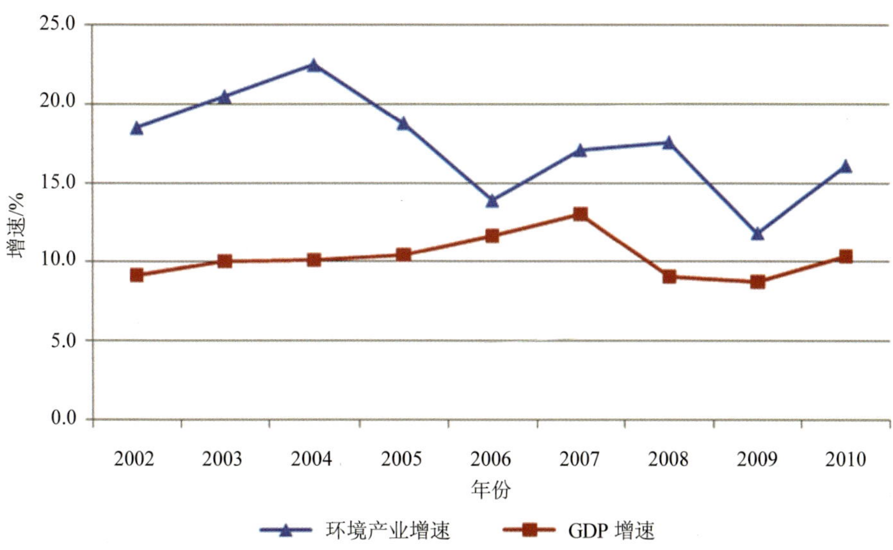


图 4.36　中国环境产业发展趋势与经济发展的关系

资料来源：环境产业增速：Environment Business International，Inc.，San Diego，California；2002—2008 年 GDP 增速：UN data；2009 年、2010 年 GDP 增速：国家统计局。

### 3．环境服务业在环保产业中所占比重偏低

中国环境服务业产值占环境产业产值的比重 2010 年仅为 15%，按照 EBI 的统计数据这一比重也不足 40%，而国际平均水平一般为 50%。主要国家及地区 2008 年环境服务业在环境产业中的比重（表 4.11）。

表 4.11　2008 年主要国家及地区环境服务业占环境产业比重

| 国家 | 比重/% | 国家 | 比重/% |
|---|---|---|---|
| 美国 | 49.0 | 加拿大 | 53.3 |
| 西欧 | 45.7 | 澳大利亚/新西兰 | 54.3 |
| 日本 | 44.4 | 东欧 | 39.1 |
| 亚洲（除日本） | 35.1 | 中东 | 54.3 |
| 拉美 | 49.0 | 非洲 | 32.6 |

资料来源：Environment Business International，Inc.，San Diego，California.

### 4．环境服务业总体技术水平偏低

中国环境服务业的发展水平与发达国家相比还存在较大差距。在核心技术和关键设备，尤其是材料上，还有很大距离。这方面最突出的例子就是紫外线（UVC）消毒器、三级处理技术和装备（主要是膜技术和其他高级过滤设备）等技术。火电厂脱硝服务则仍有待产业化，尚处于引进国外技术进行学习、一些脱硝项目仍处于试点的起步阶段。

## 五、小结

关于全球和各国环境服务，有如下趋势和特点：

- ❖ 全球及各国环境服务业发展速度很快，近年来平均增速为 3.1%，超过经济增长速度。由于全球环境污染不断恶化，环境服务业增长潜力较大。
- ❖ 环境服务业对经济的贡献较高，约占 GDP 的 1%。
- ❖ 全球及各国环境服务业市场规模和国民收入成正比例关系。
- ❖ 全球环境服务业约占环境产业的一半份额。
- ❖ 环境服务业创造大量的就业岗位。以美国为例，2010 年美国环境服务业从业人数约 171 万人，占环境产业从业人数的一半，约为美国劳动力人数的 1%。
- ❖ 全球环境服务业市场发展很不平衡，主要集中在美国、欧盟和日本，这些国家的环境服务业产值占到全球环境服务业产值的 80%左右。
- ❖ 中国环境服务业增长迅速，但在环保产业中所占比例较低，2010 年约为 15%。
- ❖ 环境服务贸易发展潜力巨大。2007 年和 2009 年环境产业贸易额占全球环境产业总产值的比重分别为 16%和 17%，呈逐渐上升趋势，环境服务业贸易额占环境产业贸易额的比重约为 11%。
- ❖ 环境服务业发展的驱动力主要是环境立法和执法。

# 第五部分　政策篇

环境服务业作为一种新的经济形态，在经济发展、社会进步和环境保护等可持续发展的方方面面发挥越来越重要的作用。正因为如此，国际上积极推动环境服务贸易自由化，促进环境服务贸易发展；各国国内也将环境服务业发展作为环保产业和服务业发展的重要组成部分，以及抢占国际竞争力和战略制高点的重要途径，积极出台相关政策支持和鼓励环境服务业发展。但同时，由于环境服务具有较强的公共物品属性以及作为服务部门的一个子部门，其受国内相关的管理政策及对外贸易的水平政策影响较大，环境服务贸易自由化也受到某种程度制约。总体上，针对环境服务贸易政策，大体上可分为环境服务贸易自由化政策和环境服务贸易保护政策两类。

## 一、环境服务贸易自由化政策

环境服务贸易自由化政策简言之就是消除或减少环境服务贸易非关税壁垒的政策。这些政策既可以是全球性的或适用于多边的，也可以是区域性的或局部的。

### （一）国际环境服务贸易自由化政策

从全球来看，世界贸易组织（WTO）在多哈谈判中设立的贸易与环境新议题中提出“酌情削减或取消环境产品与服务的关税与非关税壁垒”，认识到服务贸易对世界经济增长和发展的重要性日益增加，制定了《服务贸易总协定》。为了规范环境与贸易的关系，部长决定及宣言中提出《关于贸易与环境的决议》《关于服务贸易与环境的决议》等。

从区域来看，APEC 一直在推动环境产品和服务的贸易自由化。2007 年以来的领导人宣言都强调环境产品与服务贸易自由化对实现绿色增长和可持续发展的重要作用，专门制订《亚太经合组织环境产品与服务工作计划》，表示 APEC 环境产品与服务贸易自由化不是权宜之计，而是长期战略。特别是，2011 年领导人宣言增加《环境产品与服务贸易投资》附件，大篇幅、明确具体地提出清除扭曲环境产品与服务贸易的非关税壁垒的具体措施和行动计划，显示出消除环境产品与服务贸易自由化壁垒对APEC整体贸易自由化的重要意义。

双边自由贸易区协定一般被认为是“WTO＋”，也就是在WTO贸易自由化的基础上进一步推动贸易自由化。环境服务的市场准入谈判是近年来双边自由贸易区协定中的热点和焦点。例如：在中国与新西兰、东盟等自由贸易区协定谈判过程中，对方都提出在WTO承诺基础上进一步开放环境服务市场。

## （二）中国环境服务贸易自由化政策

中国目前还没有制定专门的环境服务贸易政策，但在相关政策中都体现为鼓励和扶持发展。而且近年来相关政策越发密集出台，进一步突显了其重要性，也表现了中国正致力于营造加快环境服务贸易发展的宏观环境。具体反映在综合性政策、外资政策、政府采购政策、价格政策、财税政策、产业政策几个方面。

### 1. 综合性政策

综合性政策确定国家对环境服务贸易政策的总基调和基本方向，在对外贸易、服务业发展、环境保护等宏观性和综合性政策中都有涉及。举例来说，《对外贸易法》第三章第十五条规定“国家准许货物与技术的自由进出口。但是，法律、行政法规另有规定的除外”。第四章第二十二条规定“国家促进国际服务贸易的逐步发展”。《服务贸易发展“十二五”规划纲要》指出，“积极推进服务贸易便利化”，加快发展与节能环保等战略性新兴产业相配套的服务贸易。《国务院关于加快发展服务业的若干意见》（国发[2007]7号）提出，“坚定不移地推进服务领域对外开放”，“加大投入和政策扶持力度”，“按照加入世贸组织服务贸易领域开放的各项承诺，鼓励外商投资服务业”。《国务院关于加强环境保护重点工作的意见》（国发［2011］35号）进一步提出“加大政策扶持力度，扩大环保产业市场需求。……着重发展环保设施社会化运营、环境咨询、环境监理、工程技术设计、认证评估等环境服务业”。其他一些环境保护综合性政策还包括《国家环境保护“十二五”规划》《“十二五”节能减排综合性工作方案》等。

### 2. 外资政策

外资政策是与环境服务贸易最直接相关的政策，直接决定了环境服务贸易发展的程度。中国国内政策规定对外资参与环境服务实际状况比加入WTO时承诺状况更开放。例如，虽然中国在加入WTO承诺中规定允许外国服务提供者仅限于以合资企业形式从事环境服务，允许外资拥有多数股权。但实际上，近年来国家已允许海外公司在某些环境服务领域建立独资企业。

与环境服务贸易自由化相关的外资政策主要体现在《国务院关于进一步做好利用外资工作的若干意见》（国发[2010]9 号）、《外商投资产业指导目录（2011 年修订）》《外国企业或者个人在中国境内设立合伙企业管理办法》《关于加快市政公用行业市场化进程的意见》《关于推进城市污水、垃圾处理产业化发展的意见》等文件。另外，还专门对利用外资进行 BOT 项目运作制定了两个主要规范性文件《关于特许经营权项目的若干规定》和《境外进行项目融资管理暂行办法》。

《国务院关于进一步做好利用外资工作的若干意见》（国发[2010]9 号）提出，根据我国经济发展需要，结合国家产业调整和振兴规划要求，修订《外商投资产业指导目录》，扩大开放领域，鼓励外资投向高端制造业、高新技术产业、现代服务业、新能源和节能环保产业。国家产业调整和振兴规划中的政策措施同等适用于符合条件的外商投资企业。同时还对外资使用提供便利，要求进一步完善外商投资企业外汇管理，简化外商投资企业外汇资本金结汇手续。对依法经营、资金紧张暂时无法按时出资的外商投资企业，允许延长出资期限。

《外商投资产业指导目录（2011 年修订）》继续保持原来政策的稳定性和连续性，各项鼓励外商投资的政策、措施和法律法规不变，明确将燃煤电站、钢铁行业烧结机脱硝技术装备制造、废旧电器电子产品、汽车、机电设备、橡胶、金属、电池回收处理、资源再生及综合利用技术、环境污染治理及监测技术、污染防治设备开发与制造、城市垃圾处理设备及农村有机垃圾综合利用设备制造列为鼓励类外商投资项目。同时，在外资准入政策不变的基础上，放宽外资准入范围，加快服务业对外开放步伐。

2010 年 2 月，国家工商行政管理总局发布的《外国企业或者个人在中国境内设立合伙企业管理办法》鼓励具有先进技术和管理经验的外国企业或者个人在中国境内设立合伙企业，促进现代服务业等产业的发展。

2002 年 12 月，建设部《关于加快市政公用行业市场化进程的意见》中鼓励社会资金、外国资本采取独资、合资、合作等多种形式，参与供水、废水处理和垃圾处理等市政公用设施的建设，形成多元化的投资结构，建立政府特许经营制度。2002 年 9 月，原国家计委、建设部、国家环保总局《关于推进城市污水、垃圾处理产业化发展的意见》鼓励各类所有制经济积极参与污水处理和垃圾处置的投资和经营，鼓励社会投资主体采用 BOT 等特许经营方式投资或与政府授权的企业合资建设城市污水、垃圾处理设施。

《关于加快市政公用行业市场化进程的意见》和《关于推进城市污水、垃圾处理产业化发展的意见》等文件都对参与企业的资质和认证、人员资质等市场准入条件作出明确规定，对外资实施国民待遇，有些地方对外资甚至实施“超国民待遇”。“超国民待遇”简而言之就是优先使用外资，或外资比国内投资享有更多的优惠条件。由于城市基础设施建设作为社会公共事业的属性以及其经营的垄断性，长期以来，国外资本和国内民间资本被排斥在投资体之外。改革开放初期，国家确定了出口创汇、吸引外资的进出口战略，而且把吸引外资量作为考核地方官员政绩的重要指标之一。在这种指挥棒的指引下，许多地方为了走上层路线，狭隘地理解吸引外资政策，采用设定高回报（一般为 15%左右）等措施，对外资实施“超国民待遇”。

### 3．政府采购政策

由于环境服务的公共物品属性，政府在环境服务的需求方面仍占有很大比例。据估计，发展中成员的环境服务公共支出大约占环境服务总支出的 70%。按采购惯例，政府采购合同一般把国外供应排斥在外。政府可以通过相关政策，使污水处理、废物处置、清洁工艺技术等服务只能采用国内供应商的服务。因此，政府采购政策是影响环境服务贸易自由化的重要因素。

中国于 2003 年 1 月 1 日起开始实施《政府采购法》，其中作出了采购本国商品、工程和服务的规定。在政府采购品目中涉及环境服务的包括：工程类项目下的污水处理（B0 301）、垃圾处理（B0 302）。尽管如上所述我国制定了政府采购政策，但我国正在积极开展加入《政府采购协定》的谈判，2011 年底第三次出价中已经将噪声消除服务政府采购市场对外资开放。

### 4．价格政策

环境服务的价格政策是保证环境服务贸易发展的前提和必要条件。根据“使用者付费”和“谁污染，谁付费”的原则，为推动和鼓励环境服务发展，中国已制定一系列环境服务价格政策。

2012 年，国家发展和改革委员会制定垃圾焚烧发电价格政策，《国家发展改革委关于完善垃圾焚烧发电价格政策的通知》（发改价格[2012]801 号），提出“以生活垃圾为原料的垃圾焚烧发电项目，均先按其入厂垃圾处理量折算成上网电量进行结算，每吨生活垃圾折算上网电量暂定为 280 kW • h，并执行全国统一垃圾发电标杆电价 0.65 元/（kW • h）（含税，下同）”。

为促进农林生物质发电产业健康发展，进一步完善农林生物质发电价格政策，国家发改委 2010 年颁布《关于完善农林生物质发电价格政策的通知》（发改价格[2010]1579 号），提出“对农林生物质发电项目实行标杆上网电价政策。未采用招标确定投资人的新建农林生物质发电项目，统一执行标杆上网电价 0.75 元/（kW・h）”。

2002 年 9 月，原国家计委、建设部、国家环保总局《关于推进城市污水、垃圾处理产业化发展的意见》（计投资[2002]1591 号）中要求已建有污水、垃圾处理设施的城市都要立即开征污水和垃圾处理费，其他城市应在 2003 年底以前开征；要加快推进价格改革，逐步建立符合市场经济规律的污水、垃圾处理收费制度；征收的污水处理费要能够补偿城市污水处理厂运营成本和合理的投资回报，有条件的城市，可适当考虑污水管网的建设费用；全面实行城市垃圾处理收费制度，保证垃圾处理企业的运营费用和建设投资的回收。

2002 年 6 月原国家计委、财政部、建设部、国家环保总局《关于实行城市生活垃圾处理收费制度，促进垃圾处理产业化的通知》（计价格[2002]872 号）要求合理制定收费标准；制定科学的计收办法；加强收费管理；改革垃圾处理运行机制。

2000 年 11 月，国务院《关于加强城市节水供水和水污染防治工作的通知》（国发[2000]36 号）规定，全国所有设市城市都要按照有关规定尽快开征污水处理费；各地在调整城市供水价格和污水处理费标准时要优先将污水处理费的征收标准调整到保本微利的水平，满足污水处理设施建设和运营的需要；对各地收取的污水处理费，免征增值税；对城市供水和污水处理工程所购置的设备可加速折旧。

1999 年 5 月，原国家计委、建设部、国家环保总局《关于加大污水处理费的征收力度，建立城市污水排放和集中处理良性运行机制的通知》（计价格[1999]1192 号）规定在供水价格上加收污水处理费，建立健全对污水处理费的征收管理和污水处理厂运行情况的监督制约机制。

《“十二五”全国环境保护法规和环境经济政策建设规划》（环发[2011]129 号）中进一步作出了推动和完善相关收费政策的规划。一是结合重金属污染防治规划、持久性有机污染物污染防治规划，研究逐步提高收费标准，推动修订排污费征收标准管理办法。二是研究提出促进有机肥使用，秸秆和畜禽粪便等农村废弃物综合利用的财税扶持政策，推进征收方式改革。三是推动完善城镇污水和垃圾处理收费政策，逐步提高收费标准。四是推动制定核设施退役费用、放射性废物、危险废物处置费用收取和管理办法。

#### 5. 财税政策

环境服务贸易的发展逐渐与环境货物贸易一体化，因此环境服务贸易也受国内税收减免政策影响。为鼓励社会资本和外资企业参与环保产业，特别是污水处理和垃圾处置，我国已经制定了许多财税优惠政策：

一是免征增值税。例如按财政部、国家税务总局《关于调整完善资源综合利用产品及劳务增值税政策的通知》（财税[2011]115 号），对垃圾处理、污泥处理处置劳务免征增值税。垃圾处理是指运用填埋、焚烧、综合处理和回收利用等形式，对垃圾进行减量化、资源化和无害化处理处置的业务；污泥处理处置是指对污水处理后产生的污泥进行稳定化、减量化和无害化处理处置的业务。

二是增加财政投入。国务院《关于加强环境保护重点工作的意见》（国发[2011]35 号）要求，把环境保护列入各级财政年度预算并逐步增加投入。适时增加同级环保能力建设经费安排。加大对重点流域水污染防治的投入力度，完善重点流域水污染防治专项资金管理办法。加大对符合环保要求和信贷原则的企业和项目的信贷支持。对污水处理、污泥无害化处理设施、非电力行业脱硫脱硝和垃圾处理设施等鼓励类企业实行政策优惠。

### 6. 产业政策

产业或环保产业政策是环境服务贸易发展的基础和前提。为了更好地促进环保产业发展，国家开始引导多种渠道资金投入环境服务业，鼓励污染防治设施的社会化运营，并制定了一系列扶持政策。除了一些综合性政策中鼓励环保产业和环境服务业的发展，如《国务院关于加强环境保护重点工作的意见》（国发[2011]35 号）、《关于加快发展服务业若干政策措施的实施意见》（国办发[2008]11 号）等。近年来还出台一些专门性的环保产业发展政策，例如《“十二五”节能环保产业发展规划》（国发[2012]19 号）、《国务院关于加快培育和发展战略性新兴产业的决定》（国发[2010]32 号）、《关于促进战略性新兴产业国际化发展的指导意见》（商产发[2011]310 号）、《关于环保系统进一步推动环保产业发展的指导意见》（环发[2011]36 号）等。

《“十二五”节能环保产业发展规划》以国发[2012]19 号文于 2012 年 6 月 16 日发布，提出“以城镇污水垃圾处理、火电厂烟气脱硫脱硝、危险废物及医疗废物处理处置为重点，推进环境保护设施建设和运营的专业化、市场化、社会化进程。大力发展环境投融资、清洁生产审核、认证评估、环境保险、环境法律诉讼和教育培训等环保服务体系，探索新兴服务模式”等目标，同时提出建立和完善价格、财税、投融资等政策保障措施。

《国务院关于加快培育和发展战略性新兴产业的决定》（国发[2010]32 号）将环保产业作为发展战略性新兴产业之首，将“重点开发推广高效节能技术装备及产品，实现重点领域关键技术突破，带动能效整体水平的提高。加快资源循环利用关键共性技术研发和产业化示范，提高资源综合利用水平和再制造产业化水平。示范推广先进环保技术装备及产品，提升污染防治水平。推进市场化节能环保服务体系建设。加快建立以先进技术为支撑的废旧商品回收利用体系，积极推进煤炭清洁利用、海水综合利用。”作为发展环保产业的重点领域，可以看出，这里将市场化节能环保服务体系建设作为其中重要内容。

《关于促进战略性新兴产业国际化发展的指导意见》（商产发[2011]310 号）由商务部、发展改革委、科技部、工业和信息化部、财政部、环境保护部、海关总署、税务总局、质检总局、知识产权局 10 个部委于 2011 年颁布，提出“把国际化作为推动战略性新兴产业发展的重要途径，增强自主创新能力，加大政策扶持力度，夯实国内市场基础，着力营造良好环境，鼓励和引导企业积极开拓国际市场”的指导思想，关于节能环保产业，该指导意见提出“培育节能环保产业国际化基地，鼓励节能环保产品开拓国际市场，提高出口产品附加值，推动出口产品由以单机出口为主向以成套供货为主转变；建立进口再生资源监管区，鼓励有条件的再生资源回收利用企业实施‘走出去’战略，开展对外工程承包和劳务输出，促进国际大循环；鼓励符合条件的企业到境外为我国投资项目和技术援助项目提供配套的环境技术服务；加强节能环保领域国际合作，推动国际环境合作项目国内配套资金的落实，加强国际环境技术转让，加大对我国参与环境服务贸易领域国际谈判的支持力度”。

《关于环保系统进一步推动环保产业发展的指导意见》（环发[2011]36 号）提出大力推进环境服务体系建设，推动环保需求的产业化，具体包括大力推进环境保护设施的专业化、社会化运营服务；大力发展环境咨询服务业；鼓励发展提供系统解决方案的综合环境服务业。

《关于加快推行合同能源管理促进节能服务产业发展的意见》（国办发[2010]25 号）由发展改革委、财政部、人民银行、税务总局 2010 年联合发布，提出“到 2015 年，建立比较完善的节能服务体系，专业化节能服务公司进一步壮大，服务能力进一步增强，服务领域进一步拓宽，合同能源管理成为用能单位实施节能改造的主要方式之一”。

## 二、环境服务贸易保护政策

贸易保护政策的基本特征是通过干预政策限制外国提供者，以达到保护本国产品和服务竞争力的目的。贸易壁垒是贸易保护政策的基本标志。

服务贸易的保护政策或壁垒主要包括如下几种形式：①服务提供者人数的限制；②贸易、资产总额的限制；③事务所数量、服务产生量的限制；④雇佣者人数的限制；⑤法人形式的限制及要求；⑥外资参与的限制等。

由于环境服务大部分由政府提供，存在很大限制。根据 WTO 各成员服务承诺减让表，总结起来，影响环境服务贸易的壁垒可以分为以下几类（详细情况见表 5.1）。

### （一）跨境交付

环境服务一般要求现场提供，但也有少量通过跨境交付提供，例如，环境咨询服务可以通过传真、电话、信件和互联网实现。环境服务跨境交付提供方式的主要壁垒是规制措施，例如，要求服务是由当地注册的服务提供者提供证明以及要求服务提供者跨境交付提供的服务必须建立在有商业存在的基础上。

### （二）境外消费

环境服务的境外消费提供模式不很重要，而且一般也没有限制。

### （三）商业存在

因为主要环境服务的供应者多是通过设立商业存在的服务模式来提供服务，因此限制企业在国内设立商业存在和限制企业在国内雇佣该国国民的措施，都会影响环境服务贸易的发展。

商业存在的限制包括三个方面：一是外商投资许可；二是企业的法律形式；三是员工国籍要求等。一般来说，外国投资的规范和针对特定部门的规定都会影响很多国家企业进入本国市场，对外国投资的规范限制主要包括外商持股比例、企业体合法实体形式的规定（如要求应是地方性公司组织）、特定资产的所有权（如掩埋场及污水系统）以及运作范围（如限制分公司数量及地点）等。同样，要求与当地供应者联合投资，将削减外商投资决定最佳企业安排的自由。对经理人员及主管级的国籍和住所要求，会减少外国服务供应者提供服务的机会。此外，移民政策、签证限制及社会安全的费用与程度、税制、自制率规定、对外国工作人员的差异规定等，均会对环境服务贸易有所影响。

### （四）自然人移动

自然人移动提供方式经常伴随商业存在发生，例如，为项目提供专业人员或技术人员，或保证分公司的正常运转。自然人移动提供方式的限制主要与水平承诺有关，受限于国家总体的移民政策，或具体的劳动力市场条件。例如，进行环境咨询服务人员必须通过当地的专业资格考试，而且必须参加当地的额外培训等。

除上述限制措施外，政府采购和国内严格的法规也很重要。虽然环境服务提供的市场化、私有化程度不断加快，但政府采购仍在环境服务业中扮演极其重要的角色，其原因是相关公共资产的服务业市场仍无法全部由私人企业经营，即使公共服务已民营化或委托私人企业，政府部门仍有采购这种服务的必要。公共部门仍需花费相当部分的环境费用在污水处理、废弃物处置及回收、清理污染场址等方面。政府采购方面的主要壁垒包括地方偏好、开标中不同标的等。

环境服务业受到相当多政府规定的影响，如规范工业的环境法令会影响对环境服务业的需求以及直接影响环境服务业的规定，如城市规划限制处置场址的选择。法规的设计是为改正市场缺点，如果不是为达成政策目标所必需的规定，将造成额外的成本负担、价格提高以及不合理减少消费者的选择，此外，法规若限制供应者的决策方向或竞争条件，将失去效率。

表 5.1　环境服务贸易壁垒矩阵

| 服务供应模式 | 环境服务贸易自由化壁垒 |
| --- | --- |
| 模式 1——跨境交付 | ◆ 为进入环境服务市场并提供服务，要求获得授权、执照或许可<br>◆ 要求使用专利或其他具体网络获得或能够同服务者取得联系<br>◆ 资本转移、信用卡支付等需要授权或被禁止<br>◆ 商业存在只限于品牌企业<br>◆ 为维护当地供应者的供给优势，只能通过指定的当地伙伴才被许可<br>◆ 要求消费者使用专营的或其他指定的网络与供应者联系<br>◆ 消费者只有通过专营的或垄断的授权供应者才能连接到 Internet 或其他电子网络上<br>◆ 跨境交付只能通过商业存在的公司或指定的品牌企业 |
| 模式 3——商业存在 | （1）投资许可<br>◆ 需要符合政策方向或总体的国家利益，没有经济需求测试（Economic Needs Test）或与当地企业合资的要求<br>◆ 除公共设施对外资有具体的授权或特许经营外，一些新的私企或政府合同服务会自动获得商业存在的许可<br>◆ 外企商业存在的范围仅限于指定的活动，比当地企业的范围窄<br>◆ 外资额度小于某一定值会获得自动批准，但当大于某一定值时需要接受审查<br>◆ 外资投资要求经济需求测试或“净国家收益”，包括对当地雇佣人数、技术转让等一般性或具体、指示性或强制性要求<br>◆ 对外资独资或外资拥有绝大多数股权的企业要求获得许可证 |

| 服务供应模式 | 环境服务贸易自由化壁垒 |
|---|---|
| 模式 3——商业存在 | ◆ 不允许外资独资，也不批准虽与当地企业合资但外资拥有 51%及以上股份的企业，批准与当地企业合资且外资拥有股份较小的企业<br>◆ 不允许现有外资拥有全部或部分股份，新设企业会受限制<br>◆ 不允许新设企业。运营许可有数量配额。只有现有企业拥有较小份额的被允许<br>◆ 只允许国家或永久居民投资国企私有、或政府合同服务<br>（2）外企的法律形式<br>◆ 允许设立有限公司、私人有限公司和附属公司，但不允许外企直接建立分支机构<br>◆ 外企设立分支机构受数量配额和/或区位配额的限制<br>◆ 只允许单一所有权或合伙公司<br>◆ 只允许合资或设立代表办公室<br>◆ 只允许合资，而且要作为有限责任公司<br>◆ 外资股份参与要求封顶，而且强制与地方企业合资<br>◆ 只允许一种法律形式（例如，私人有限责任公司、合资等）<br>（3）国籍/居住要求<br>◆ 被指定作为当地外企机构代理商的自然人必须是永久居民<br>◆ 要求外企的管理者和一个经理至少有一位是当地国家的居民，每个办事处必须至少有两个当地居民的代理商<br>◆ 要求首席执行官（CEO）必须是当地国家的居民<br>◆ 要求外资企业所有的管理者都是当地国家的居民<br>◆ 要求一半以上的管理者都是当地国家的居民 |
| 模式 4——自然人移动 | ◆ 必须通过当地的专业资格考试<br>◆ 要求必须完成或参加当地进一步的培训<br>◆ 专业人员需通过当地劳动力市场测试 |

资料来源：OECD，Environmental goods and services: The benefits of future global trade liberalization，2001：89-91.

## 三、小结

关于环境服务贸易政策，主要总结如下：

❖ 目前国际上都将环境服务作为实现绿色增长的重要途径，制定相关政策积极推动环境服务贸易自由化，这些政策既包括宏观和总体性政策，也包括外资、价格、财税、政府采购、产业等具体政策。

❖ 由于环境服务具有较强的公共物品属性以及作为服务部门的一个子部门，其受国内相关的管理政策及对外贸易的水平政策影响较大，同时，由于竞争的需要，各国也存在一定的环境服务贸易保护政策，对环境服务贸易进行一定程度的限制和制约。

# 第六部分　技术篇

环境服务技术是保护环境的重要支撑和基础，也是环境服务贸易的重要组成部分。环境服务技术主要包括污水处理技术、固废处置技术、废气治理技术以及噪声消除技术等。

## 一、污水处理服务技术

根据 WTO/120 以及 CPC 分类，污水处理服务主要是指生活污水处理，因此本报告主要研究生活污水处理服务技术。

### （一）污水处理服务技术现状与水平

#### 1. 污水处理服务技术发展现状

生活污水处理环境服务技术主要涉及生物法、物理法、化学法以及上述方法的结合使用。目前中国生活污水处理服务技术基本涵盖世界各国的先进工艺，正在使用的各种生活污水处理技术多达三十几种。按污水处理技术演化的来源中国生活污水处理环境服务技术可归为三类：一是对大中型污水处理厂现用技术进行移植性开发，如 Carrousel 和 Orbal 等工艺；二是对国际上处于研究、完善或初步应用的污水处理工艺技术进行引进，并直接应用于中国生活污水处理厂建设，如 SBR 的一些变形工艺，包括 MSBR、CSBR、IDEA、AICS 以及 SAF 等；三是将工业废水治理技术向生活污水处理领域移植，最具代表性的技术有硅藻精土吸附凝聚技术、生物流化床技术、水解酸化技术、接触氧化技术等。中国常用生活污水处理环境服务技术如表 6.1 所示。

**表 6.1 中国常用生活污水处理环境服务技术**

| 类型 | 方法 | 兴起时间 | | 技术特征 | |
|---|---|---|---|---|---|
| | | 国外 | 中国 | 优点 | 缺点 |
| 生物法 | 传统活性污泥工艺 | 1912 年发明该技术，1913 年在曼彻斯特建立第一座试验场 | 1921 年在上海建成 3 500 t/d 北区污水厂 | $BOD_5$ 去除率可达 90%～95%，处理程度较灵活 | 占地面积大，末端可能出现供氧量大于需氧量，对冲击负荷适应性较弱 |
| | 氧化沟法 | 1954 年荷兰建成了世界上第一座氧化沟污水处理厂 | 研究和工程实践始于 20 世纪 70 年代 | 出水水质好、抗冲击负荷能力强、除磷脱氮效率高、污泥易稳定、能耗省、便于自动化控制等 | 污泥膨胀、产生泡沫、污泥上浮、流速不均、污泥沉积以及对于 BOD 较小的水质完全没有处理能力等问题 |
| | 缺氧 - 好氧（A/O）法 | — | — | 效率高；流程简单，投资省，操作费用低；缺氧反硝化过程对污染物具有较高的降解效率；容积负荷高；缺氧/好氧工艺的耐负荷冲击能力强 | 没有独立的污泥回流系统，不能培养出具有独特功能的污泥，难降解物质的降解率较低；若要提高脱氮效率，必须加大内循环比，因而加大了运行费用；脱氮率很难达到 90% |
| | 厌氧 - 缺氧 - 好氧（$A^2/O$）法 | 20 世纪 70 年代由美国的一些专家在 AO 法脱氮工艺基础上开发的 | 20 世纪 80 年代开始引进 $A^2/O$ 工艺 | 总水力停留时间少于其他类工艺，不易发生污泥丝状膨胀，污泥含磷高，具有较高肥效，运行费用低 | 除磷脱氮效果难再提高，污泥增长有一定限度；溶解氧浓度大小要求高 |
| | 序批式活性污泥（SBR）法 | 1914 年由英国学者 Ardern 和 Locket 发明。1980 年，美国印第安纳州建成了世界上第一个自动化控制的 SBR 法污水处理厂 | 1985 年上海设计投产中国第一座 SBR 污水处理站，设计处理水量为 2 400 t/d | 该技术被全球广泛认同和采用，运行效果稳定，需要时间短、效率高，净化效果好，耐冲击负荷，运行灵活，处理设备少，构造简单，便于操作和维护管理，工艺流程简单、造价低等 | 自动化控制要求高，对滗水器的要求很高，后处理设备要求大，由于不设初沉池，易产生浮渣 |
| | 生物接触氧化法 | 20 世纪 70 年代初开创 | 20 世纪 70 年代中期开始研究并应用该种方法 | $BOD_5$、$COD_{Cr}$ 和 SS 的去除率高；除氨氮的效果良好；运行管理简单；产生剩余污泥非常少；密闭条件下进行，对环境几乎没有影响 | 生物膜价格较高且实际数量随 BOD 负荷变化，填料选用不当，会影响正常使用 |

| 类型 | 方法 | 兴起时间 | | 技术特征 | |
|---|---|---|---|---|---|
| | | 国外 | 中国 | 优点 | 缺点 |
| 生物法 | 吸附-生物降解（AB）法 | 20 世纪 70 年代中期开发，80 年代初开始应用于工程实践 | 20 世纪 70 年代末至 80 年代初期对 AB 工艺开始研究，80 年代起应用于污水处理 | 对有机底物去除效率高；系统运行稳定；有较好的脱氮除磷效果；运行费用低，耗电量低，可回收沼气能源 | A 段在运行中如果控制不好，很容易产生臭气；除磷脱氮要求很高时，不能有效地脱氮；污泥产率高 |
| | 连续循环曝气系统（CCAS） | SBR 工艺早于 1914 年即研究开发成功 | 1994 年总装备部工程设计研究总院环保中心在实验室进行了整套系统的模拟实验 | 曝气时，污水和污泥处于完全理想混合状态，BOD、COD 的去除率高达 95%；氮、磷去除率达 80%以上；沉淀时，出水悬浮物（SS）极低，低的 SS 值也保证了磷的去除效果 | 各池子同时间歇运行，人工控制几乎不可能，全靠电脑控制，对处理厂的管理人员素质要求很高，对设计、培训、安装、调试等工作要求较严格 |
| | 曝气生物滤池（BAF）法 | 20 世纪 70 年代末 80 年代初出现于欧洲，在经历了 80 年代中后期的较大发展后，到 90 年代初已基本成熟 | 目前曝气生物滤池正处于推广阶段。大连市马栏河污水处理厂是我国第一个采用曝气生物滤池工艺的城市污水处理厂 | 处理负荷高、出水水质好、占地面积省 | 对进水 SS 要求较高、水头损失较大，进水提升水头较大，滤料冲洗不充分，可能出现团结现象，产泥量略大于活性污泥法，污泥稳定性稍差 |
| | 膜生物（MBR）技术 | 美国 Smith 等人于 20 世纪 60 年代末提出，20 世纪 80 年代以后，制膜水平提高，推动了膜生物反应器技术的向前发展，MBR 工艺也随之得到迅速发展。90 年代以后，MBR 技术得到了最为迅猛的发展，进入实际应用阶段 | 中国对膜生物反应器的研究虽然起步较晚，但发展速度很快。1991 年，芩运华对膜生物反应器的应用进行了综述；1995 年以来对膜生物反应器污水处理技术的研究工作开始全面展开，多家科研院所进行了此方面的研究 | 对污染物的去除效率高，具有较大的灵活性和实用性，解决了剩余污泥处置难的问题 | 成本相对较高 |
| | 其他 | 导流曝气生物滤池技术（CCB）、SPR 高浊度污水处理技术、百乐克（BIOLAK）污水处理技术等 | | | |
| 化学法 | 有机物（人工合成、天然）、无机物（铝系、铁系） | 该类方法主要针对强酸、强碱、高毒性或其通过生物法无法进行处理的工业污水，只有通过添加化学药剂才能进行处理的污水 | | | |

| 类型 | 方法 | 兴起时间 | | 技术特征 | |
|---|---|---|---|---|---|
| | | 国外 | 中国 | 优点 | 缺点 |
| 物理法 | 活性炭法、交换树脂法等 | 通过活性炭吸附、膜过滤、交换树脂等手段去除污水中的污染物的方法，常与生物法或化学法相结合 | | | |

资料来源：作者搜集整理。

### 2. 污水处理服务技术国内外现状比较

中国与发达国家在生活污水处理技术和工艺水平上相差不大，但是在污水处理厂的运行管理水平以及水质控制标准方面，中国仍然落后于发达国家。污水处理厂运行管理水平方面的差异主要体现在“工艺运行优化”、“智能控制”、“节能降耗”以及“污泥处理处置”等方面。在“工艺运行优化”上，中国对污水处理反应器的调控通常依靠人为经验，使参数调节过程的主观性强、精度差，对污水处理工艺的运行造成较大干扰，而发达国家目前已开始利用活性污泥系统仿真软件，通过在线采集实时进水数据对整个工艺污水处理过程进行模拟计算与预测，给出最佳的工艺运行控制参数数值，实现系统的优化运行；在“智能控制”与“节能降耗”方面，中国目前除少数几个污水处理厂采用智能控制系统外（如：安徽芜湖城南污水处理厂、绍兴污水处理厂等），大多数污水处理厂的控制系统仍停留在20世纪80年代国外污水处理厂的自控水平，仅包括计算机编程控制、瞬时工艺参数记录、参数超标报警、简单数据计算等基本功能，而发达国家生活污水处理厂现已开始实施智能调控，研制和应用多套智能优化系统和设备控制系统。水质控制标准方面，中国主要关注水体中有机污染物、氮和磷含量的控制，而发达国家则上升为关注生态安全。

表 6.2 中国与发达国家生活污水处理环境服务技术水平对比

| 国别 | 工艺水平 | 运行管理水平 | | | 水控标准 |
|---|---|---|---|---|---|
| | | 工艺运行优化 | 智能控制 | 节能降耗 | |
| 中国 | 目前中国采用的污水处理技术已涵盖世界各国先进技术，二级处理工艺以活性污泥法为主 | 人为经验控制 | 自控水平 | 能耗高 | 关注有机污染物、氮和磷 |
| 发达国家 | | 仿真模拟控制 | 智控水平 | 能耗低 | 关注生态安全 |

资料来源：作者搜集整理。

### 3. 污水处理服务技术发展趋势分析

结合中国目前生活污水处理技术现状以及与发达国家的差距来看，未来中国生活污水处理技术的发展趋势主要体现在三个方面：一是随着污染控制程度从"达标排放"向"提标升级排放"到"低端中水或局部回用"再到"高端规模化回用"的发展，膜分离技术（微滤、反渗透、膜生物反应器等）将被大量应用于生活污水处理中，使污水处理由单纯净化转变为以污水为原料的"再生水制造厂"；二是随着水质控制类别从常规污染物控制（包括初级处理和二级处理）向氮、磷、盐控制（三级处理，考虑环境容量）再到关注生态安全的发展，以除磷脱氮为核心的二级强化处理技术以及包括各种类型的絮凝沉淀技术、高效过滤技术、现代消毒技术和人工湿地等生态净化处理等三级处理工艺将得到大力推广；三是为降低现有污水处理能耗水平，污水处理运营控制技术将从"工艺的人工/微机定量控制"向"部分处理设备的智能控制"再到"污水厂工艺全程优化与智能调控"方向发展。此外，鉴于中国 70%以上的污水处理厂不具有完整的污泥处理工艺，采用产泥量少且污泥稳定的污水处理工艺，从源头上减轻后续污泥处理的负担将是促进生活污水处理事业发展的技术途径之一。

## （二）污水处理服务技术市场和应用情况

### 1. 污水处理环境服务技术市场现状

截至 2010 年底，中国生活污水设施处理能力已达到 1.25 亿 $m^3/d$，设市城市污水处理率已达 77.5%。目前，中国生活污水处理厂采用的主流污水处理技术仍然是运行稳定、操作简便、处理费用低廉的生化处理工艺。在各类生活污水处理环境服务技术中，氧化沟、SBR 和 $A^2/O$ 技术被广泛应用于生活污水处理中，是目前中国生活污水处理厂的主流技术工艺，而 MBR 技术由于出水水质较高，在国外备受欢迎的同时也在中国污水处理行业中日益兴起。对中国已建 2 870 座污水厂所采用的工艺进行统计分析，截至 2010 年传统活性污泥工艺占 14.7%、氧化沟系列工艺占 24.6%、$A^2/O$ 工艺占 21.8%、SBR 工艺及改良工艺占 16.3%、生物接触氧化工艺占 2.8%、AO 工艺占 4.0%、其他占 15.8%，如图 6.1 所示。

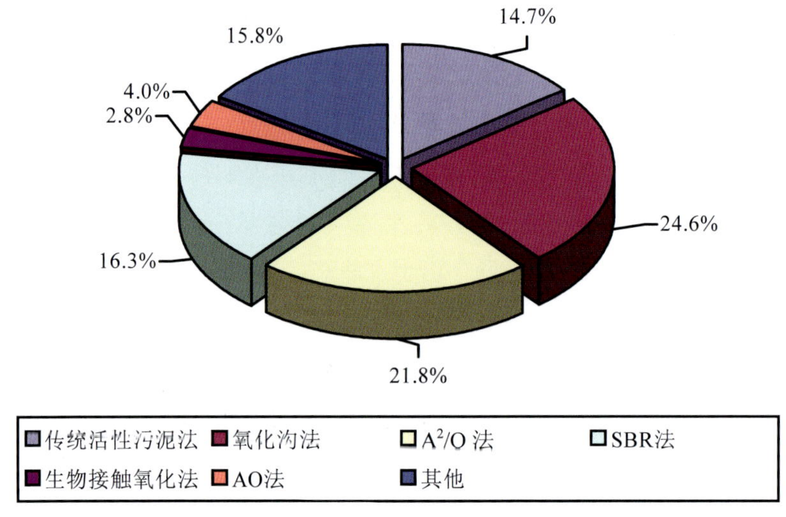


图 6.1 生活污水二级处理工艺比重分布

从污水处理量上看，采用各种生化工艺处理的城市污水约占污水处理总量的 92%。从 2012 年 7 月 5 日环境保护部发布的《2012 年国家鼓励发展的环境保护技术目录》上可以看出，在关于城市污水、污泥、垃圾渗滤液处理及水体修复等 19 项技术中，利用生化处理工艺的共计 16 项。在同时公布的《2012 年国家先进污染防治示范技术名录》中，城市污水、污泥、垃圾渗滤液处理及水体修复技术共计 4 项，其中涉及生化处理工艺的有 3 项。由此可以看出，生化处理工艺在中国污水处理技术市场中仍占主导地位。

### 2. 污水处理环境服务技术市场预测

中国未来对水污染的控制将更加趋于严格，在政策上的变化主要包括：将氨氮纳入约束性控制指标、加大再生水的回用力度、强制性要求处理污泥、提高污水处理率和设备负荷率、农业水污染纳入管理体系等五方面。2012 年 4 月 19 日国务院办公厅印发了《“十二五”全国城镇污水处理及再生利用设施建设规划》（国办发[2012]24 号，以下简称《规划》），《规划》中指出中国仍存在污水处理部分设施不能完全满足环保新要求、多数污泥尚未得到无害化处理处置、污水再生利用程度低、设施建设和运营资金不足、运营监管不到位等问题，因而《规划》为生活污水处理领域制定了“十二五”发展目标：重点集中在提高污水集中处理能力、污水处理率、再生水利用率以及污水处理设施运行效率等方面。在污水处理技术上，生物法作为污水处理的主流，出现了多个发展方向，但是都是以活性污泥法为基础，以不同的方法来增强活性污泥的处理能力，演变出了不同的技术路线。行业下一轮发展的动力主要来自对污水处理水质的提高，因此有两类技术将成为下一轮发展的重点关注对象：一是曝气生物滤池技术出水水质较高，成本随着技术进步有所下降，同时采用此技术还能减少后续污泥的处理成本，下一阶段可望得到高速发展；二是膜生物法在出水水质方面具有较大的优势，将是未来一段时间的主流技术，但是成本较高，需要出台政策进行推动。

## （三）污水处理服务技术成本分析

生活污水治理的经济成本受设计规模、运营单位性质、设备选择、进水水质等因素的制约和影响，难以科学地直接衡量出不同技术工艺的经济性，可以从投资和运行的角度考虑，选择吨水投资（即建设成本）和直接运行成本作为参考指标对不同的污水处理工艺的成本进行比对分析。其中直接运行成本包括：人员费、动力费、维修费、药剂费、污泥运处费和其他费用。根据不同的出水要求，结合中国城镇污水处理厂实际情况，分别对生活污水常规二级处理技术和深度处理与再生回用技术进行成本分析。

### 1. 污水常规二级处理环境服务技术成本分析

中国城镇污水处理厂普遍采用以活性污泥法为主的二级处理工艺。其中，氧化沟、$A^2/O$ 和 SBR 工艺设施总数约占各类二级处理工艺的 62.7%，是中国目前污水处理的主导工艺。在处理规模上，规模在 2 万～10 万 t/d 的污水处理厂占全国污水处理厂的 60%。同时，由于 MBR 技术是未来生活污水处理发展的一个重要方向，因此选取日处理量 5 万 t 的氧化沟、$A^2/O$、SBR 工艺以及逐渐兴起的 MBR 工艺进行经济成本分析，见表 6.3。

表 6.3　生活污水常规处理技术经济成本

| 技术 | 出水标准 | 吨水投资/元 | 直接运行成本/（元/t） | | | | | | |
|---|---|---|---|---|---|---|---|---|---|
| | | | 动力费 | 维修费 | 人员费 | 药剂费 | 污泥运处费 | 其他 | 小计 |
| $A^2/O$ | A 标 | 770 | 0.31 | 0.02 | 0.08 | 0.04 | 0.14 | 0.01 | 0.60 |
| | B 标 | 680 | 0.29 | 0.02 | 0.08 | 0.02 | 0.13 | 0.01 | 0.55 |
| 氧化沟 | A 标 | 960 | 0.35 | 0.05 | 0.12 | 0.05 | 0.15 | 0.01 | 0.73 |
| | B 标 | 880 | 0.32 | 0.05 | 0.12 | 0.03 | 0.12 | 0.01 | 0.65 |
| SBR | A 标 | 1 420 | 0.31 | 0.05 | 0.14 | 0.05 | 0.15 | 0.01 | 0.71 |
| | B 标 | 1 280 | 0.29 | 0.05 | 0.14 | 0.03 | 0.14 | 0.01 | 0.66 |
| MBR | A 标 | 1 880 | 0.28 | 0.07 | 0.22 | 0.10 | 0.12 | 0.01 | 0.80 |

资料来源：作者搜集整理。

由表 6.3 可知，上述各工艺达到不同的出水标准时，有着不同的直接运行成本，执行一级 A 标时吨水投资和直接成本均高于 B 标，直接成本的提高体现在动力费和药剂费的消耗上。当执行一级 B 标时，$A^2/O$ 的吨水投资和直接成本最低，氧化沟次之，SBR 最高；当标准提升至一级 A 标时，$A^2/O$ 的吨水投资和直接成本仍然最低，SBR 工艺在吨水投资上高于氧化沟，但直接成本却低于后者，客观反映出该工艺运行控制自动化水平高、运行能耗小的特点。此外，MBR 吨水投资和直接成本要高于一般传统工艺，该工艺除需提供传统的生化需氧量，还需膜擦洗曝气、定期的膜组件清洗与更换，但其出水水质可直接达到深度处理的效果，与“常规二级处理工艺＋深度处理单元”的综合成本相比，仍具有经济上的优势。

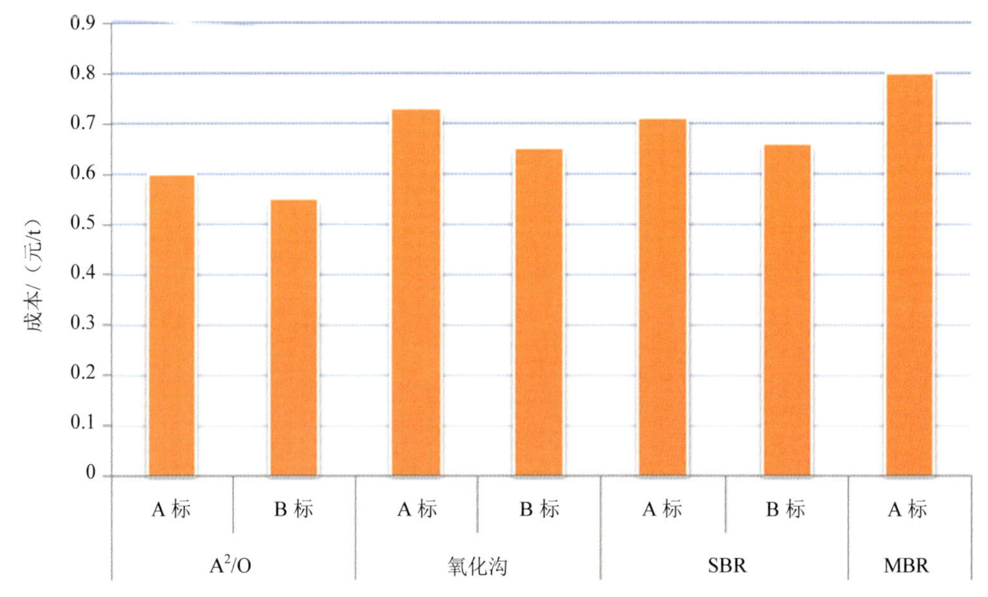


图 6.2 生活污水常规处理技术直接运营成本

### 2．污水深度处理与回用环境服务技术成本分析

鉴于生活污水处理升级改造与再生回用的需要，一般在常规二级处理的基础上，增加深度处理单元，常用技术有：混凝过滤、臭氧氧化、活性炭吸附以及膜分离技术。目前使用最为广泛的是膜分离技术，具体包括：微滤、超滤、纳滤及反渗透技术，主要经济成本见表 6.4。

表 6.4　常规深度处理技术经济成本

| 深度处理与回用技术 | | 吨水投资/元 | 直接运营成本/（元/t） | | | | | |
|---|---|---|---|---|---|---|---|---|
| | | | 动力费 | 维修费 | 人员费 | 药剂费 | 其他 | 小计 |
| 常规处理法 | 混凝过滤 | 307 | 0.1 | 0.1 | 0.2 | 0.27 | 0.1 | 0.77 |
| | 臭氧氧化 | 43.25 | 0.1 | 0.1 | 0.2 | 0.1 | 0.1 | 0.6 |
| | 活性炭吸附 | 240.75 | — | 0.1 | 0.2 | 0.1 | 0.1 | 0.5 |
| 膜分离技术 | 微滤 | 700 | 0.71 | 0.1 | 0.2 | 0.8 | 0.1 | 1.91 |
| | 超滤 | 850 | 0.82 | 0.1 | 0.2 | 0.8 | 0.1 | 2.02 |
| | 纳滤 | 1 200 | 1.76 | 0.12 | 0.2 | 0.81 | 0.1 | 2.99 |
| | 反渗透 | 1 000 | 2.24 | 0.15 | 0.2 | 0.85 | 0.1 | 3.54 |

资料来源：作者搜集整理。

由表 6.4 可知，在常规处理方法中，臭氧氧化、活性炭吸附在直接成本上具有优势；在膜分离技术中，微滤系统的吨水投资与运行成本最低，超滤和纳滤次之，反渗透最高，说明投资与直接成本随出水水质的提高而增加。

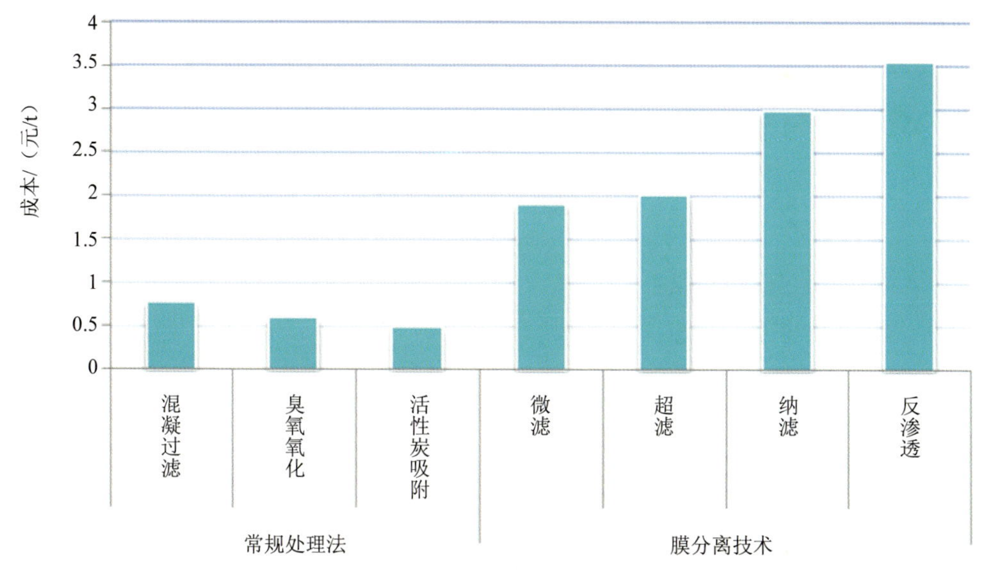


图 6.3　常规深度处理技术直接运营成本

## （四）污水处理环境服务技术贸易情况

近年来，中国生活污水处理领域的进出口贸易额逐年上升，进出口往来主要集中在项目融资与建设、关键设备及部件等方面。

在项目融资与建设方面，以 BOT 或 TOT 方式吸引国外投资、建设或运营生活污水处理厂以来，国外来华投资和运营生活污水处理的企业和项目逐年增加，如：中法水务、威立雅水务、凯丹水务、柏林水务等。目前由国外企业直接和间接提供污水处理服务的规模超过全国生活污水处理总量的 20%。在出口上，目前中国的技术服务贸易也已走向国际市场，出口对象主要为沙特和印度等第三世界国家。2010 年执行境外环境工程设计施工和技术服务 93 项，实现销售收入 0.99 亿元（人民币），创汇 1 451 万美元；开拓境外环境污染治理设施运营服务项目 3 项，实现销售收入 0.155 亿元（人民币），创汇 227.4 万美元。

在水处理关键设备及部件方面，1998 年污水处理设备产量为 22.2 亿元（人民币），销售规模为 58.5 亿元（人民币）；到 2010 年，污水处理设备产量为 411.7 亿元（人民币），销售额达 1 251.3 亿元（人民币）。12 年间产量和销售额分别扩大 18.5 倍与 21 倍之多，年复合增长率分别达到 38.3%与 40.5%，销售额增速远远高于同期全球年均 6.4%的增速。2007 年污水处理设备出口创汇为 5.87 亿美元，进口用汇为 5.29 亿美元，其顺差同比增加了 2.63%。进口的设备主要包括：高性能的膜材料、智能工艺操作控制系统及软件、反渗透高压泵等专属设备。

尽管中国生活污水治理领域技术贸易逐年增加，但中国贸易出口的发展速度仍然缓慢，经济总量增长不多，出口设备技术含量不高，出口地区类别、品种和地区较窄，污水处理成套能力和工程总承包能力较弱，缺乏国际市场竞争力。

### （五）污水处理环境服务技术小结

综上所述，中国生活污水处理技术市场及对外贸易呈现以下特征：

第一，中国污水处理环境服务技术与工艺水平基本涵盖世界各国的先进工艺，传统活性污泥工艺、氧化沟系列工艺、$A^2/O$ 工艺、SBR 工艺及改良工艺、生物接触氧化工艺以及 AO 工艺占据中国污水处理行业主流地位。

第二，虽然中国污水处理技术与西方发达国家相差不大，甚至某些领域已经超过了发达国家，但是污水处理厂运行管理与发达国家仍有较大的差距，主要体现在工艺运行优化、智能控制以及节能降耗方面。

第三，当前中国城镇污水处理厂主要采用生化方法来治理污水，该方法处理的污水量占污水处理总量的 92%，二级处理工艺仍以活性污泥法为主，其中氧化沟、$A^2/O$ 和 SBR 工艺其设施总数约占各类二级处理工艺的 62.7%。

第四，$A^2/O$ 法是目前最为经济的污水处理技术，同时也是中国鼓励发展的环境保护技术，但是随着“提标改造”，膜分离技术（微滤、反渗透、膜生物反应器等）将被大量应用于生活污水处理中。

第五，在污水处理技术贸易领域，进口主要体现在 BOT 或 TOT 模式融资建设污水处理厂以及购买高端先进污水处理设备及部件方面，出口则主要针对沙特、印度等第三世界国家，体现为污水处理设备销售、工程设计施工和技术服务以及污水处理设施运营服务。总的来看，在污水处理技术进出口贸易中，中国由于缺乏自主知识产权技术仍然处于贸易的低端。

## 二、固废处置服务技术

根据 WTO/120 环境服务分类，固废处置主要指废物处置服务，而废物处置服务则是针对危险和非危险废物的收集、处理和处置的服务，本报告主要以生活垃圾处置以及危险废物处置服务技术为代表分析固废处置服务技术。

### （一）固废处置服务技术现状与水平

#### 1．城市生活垃圾处理服务技术

从城市生活垃圾处理量技术构成来看，中国 2010 年生活垃圾清运总量 1.22 亿 t，其中填埋、焚烧和堆肥处理的比例分别占 78.1%、19.4%和 1.5%，其余为堆放和简易填埋处理，约占 1.0%；从垃圾处理能力技术构成来看，2010 年底，中国建设有生活垃圾处理能力 38.76 万 t/d，主要以生活垃圾卫生填埋为主，占 74.8%，垃圾焚烧和堆肥分别为 21.9%和 1.4%，其他处理方式为 1.87%。以上数据表明填埋仍然是城市生活垃圾主要的处理方式。

从城市生活垃圾处理厂类型来看，2010 年中国共有 498 个城市生活垃圾填埋场，垃圾焚烧厂和堆肥厂分别为 104 个和 11 个，其中垃圾焚烧厂数量呈现逐年递增态势，而堆肥厂数量则整体呈下降趋势。

**（1）填埋处理技术**

填埋处理技术是中国目前大多数城市处理生活垃圾的最主要方法，在这里只讨论卫生填埋处理技术。近年来中国不少城市开始采用生活垃圾填埋技术，其中Ⅱ级填埋场（基本无害化）目前在中国约占 15%，Ⅰ级填埋场（无害化）目前在中国约占 5%。卫生填埋是能对渗滤液和填埋气体进行控制的填埋方式。卫生填埋法由于技术比较成熟，操作管理简单，处理量大，投资和运行费用低，是当今世界各国主要的垃圾处理方式。

表 6.5　2010 年中国常用生活垃圾处理及处理能力环境服务技术构成

| 生活垃圾清运量 | | | | |
|---|---|---|---|---|
| | 填埋 | 焚烧 | 堆肥 | 堆放及简易填埋 |
| 处理量/亿 t | 0.95 | 0.24 | 0.02 | 0.01 |
| 百分比/% | 78.1 | 19.4 | 1.5 | 1.0 |
| 生活垃圾处理能力 | | | | |
| | 填埋 | 焚烧 | 堆肥 | 其他方式 |
| 处理能力/（亿 t/d） | 28.99 | 8.49 | 0.54 | 0.72 |
| 百分比/% | 74.8 | 21.9 | 1.4 | 1.87 |

数据来源:《2011 年中国固废处理行业研究报告》《2011—2015 年中国城市环保行业深度调研与投资战略规划分析报告》。

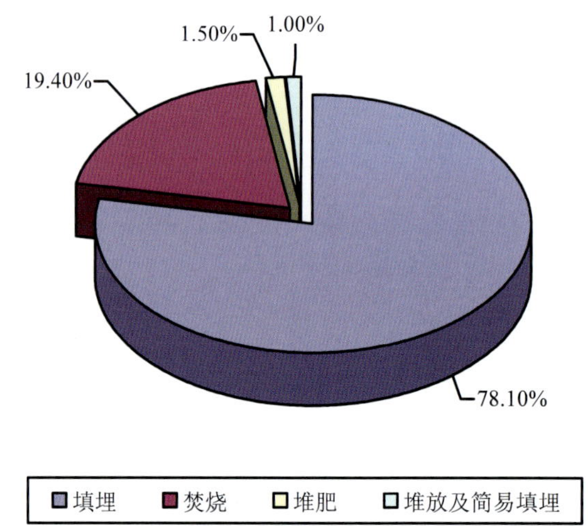


图 6.4　2010 年中国常用生活垃圾处理环境服务技术构成

（2）**焚烧处理技术**

焚烧处理技术按焚烧设施类型可分为简易焚烧炉、国产化焚烧设施和综合型焚烧设施三类。简易焚烧炉已经逐步被取代。国产化焚烧设施按炉型可分为国产化炉排炉和国产化流化床两大类，从市场占有率看，目前两种炉型在中国基本上是平分秋色。综合型焚烧技术设备，是指把引进技术设备与国产技术设备有机结合起来的垃圾焚烧系统。这类技术的特征是：关键技术和设备从国外引进，工程规模较大，生产及配套设施比较完整，建设及运行成本较高。目前，深圳环卫综合处理厂等 10 座综合型生活垃圾焚烧厂已建成运行。

（3）**堆肥处理技术**

城市生活垃圾堆肥处理在中国具有悠久历史，但由于各种原因目前的堆肥处理率并不高。堆肥处理可分为简易堆肥、好氧高温堆肥和厌氧消化三类。由于市场等原因，垃圾堆肥处理特别是城市生活垃圾的堆肥处理在发达国家曾一度处于停滞甚至萎缩状态。进入 20 世纪 90 年代以后，由于高温堆肥可以使生活垃圾中的有机成分成为可供施用的农田肥料，同时消除其环境污染，杀灭垃圾中的病菌，具有无害化和资源化特征，堆肥处理又呈上升的发展趋势。

（4）**综合处理**

综合处理方式可以解决混合处理方式出现的问题。采用综合处理方式后，易腐物和可燃物都得到了利用，故填埋物的量很小，只占总体积的 15%～20%，填埋物主要为砖头、瓦砾等无机垃圾，不会带来严重的二次污染，节省了填埋空间；综合处理中焚烧可燃垃圾，热值高，二次污染小。采用综合处理方式的堆肥法只处理易腐有机物，成分单一，容易堆腐，而且处理费用低，产品质量好。目前适合中国垃圾综合处理的途径及适用范围如表 6.6 所示。

表 6.6 垃圾综合处理途径及适用范围

| 垃圾综合处理途径及技术 | 适用范围 |
| --- | --- |
| 混合收集—堆肥，回收有机肥料 | 适合中小城市利用 |
| 混合收集—填埋—产沼直接用于燃烧 | 适合汽化率为 60%～80%的大中城市 |
| 分类收集—焚烧发电—灰渣填埋—回收金属、玻璃等 | 适合大中城市利用 |
| 分类收集—厌氧产沼—沼渣焚烧发电—灰渣填埋—回收金属、玻璃、塑料等 | 适合汽化率大于 80%的大中城市 |
| 分类收集—厌氧产沼—中高温堆肥—沼渣填埋—回收金属、玻璃、塑料等 | 适合汽化率大于 80%的大中城市 |
| 分类收集—生化处理、热解、汽化 | 中近期的发展方向 |

资料来源：作者搜集整理。

### 2. 危险废物（医废）处理处置服务技术

危险废物处理处置技术按其最终去向可分为处理技术和处置技术，在危险废物最终处置之前可以用多种不同的处理技术进行处理。无论危险废物处理处置技术按照何种方式进行分类，其目的都是要实现危险废物减量化、资源化和无害化。回转窑、热解焚烧、填埋、固化稳定化、高温蒸汽灭菌处理、化学消毒、微波消毒等技术在危险废物处理处置领域都得到了有效的应用；等离子体、应急处理、风险控制、飞灰处理等专项技术方面有了初步的探索和示范；在收集、包装、暂存、在线监测等危险废物过程污染控制技术方面也有了一定的进展。上述技术的发展实现了危险废物的减量化、资源化和无害化处置的要求，全面提升了中国危险废物的处理处置技术水平。

危险废物处理处置是一个系统工程。中国在危险废物收集、贮存、运输、预处理、焚烧、固化稳定化、安全填埋、综合利用、风险预警等处理处置技术开展了广泛而深入的研究，已经取得一定的成果。目前回转窑（也称旋转窑）是最主要的危险废物焚烧炉，可以有效处理不同形状、相态的危险废物；流化床仅适用粒状废物焚烧；液体焚烧炉目前数量较多，未来需求量将会逐步下降；水泥或石灰窑可以利用高热值有机废物取代部分燃料，同时达到处理废物的目的。

与欧、美、日等国家和地区先进技术相比，中国回转窑、流化床等危险废物焚烧技术差距主要体现在工况波动的适应性、主要材质的选取、主要工艺参数的深化设计、相关经验数据的选取以及设备的稳定性、可靠性与先进性上。在海外市场上，中国的技术还仅仅只能在东南亚地区获得少量的市场份额。中国自主知识产权技术还有待进一步深化研究，提高技术水平与综合竞争力。

## （二）固废处置服务技术市场和应用情况

### 1. 城市生活废物处置服务技术市场和应用情况

#### （1）城市生活废物处置服务技术市场

a. 填埋处理

填埋气体收集利用是中国卫生填埋的主要利用方向，目前中国填埋气体利用方式主要是直接燃烧发电。2011 年，浙江、福建、山东等省有填埋气体发电厂新投入使用。根据调查，截至 2011 年底，中国建成并投入使用的填埋气体发电厂有 43 座，发电装机容量超过 100MW。2011 年（截至 2011 年 11 月 15 日）新增加 18 个填埋气体利用项目得到国家发改委批准（表 6.7），共计可实现年减排 $CO_2$ 当量约 280 万 t。

表 6.7 中国已批准申请 CDM 的填埋气体利用项目

| 序号 | 项目名称 | 项目业主 | 国外合作方 | 估计年减排 $CO_2$/t |
| --- | --- | --- | --- | --- |
| 1 | 焦作市周流城市生活垃圾卫生填埋场填埋气发电项目 | 上海百川畅银实业有限公司 | I S.A. SICAR | 49 102 |
| 2 | 滨海新区大港垃圾焚烧发电厂工程 | 天津滨海环保产业发展有限公司 | 环境项目管理有限公司 | 82 285 |
| 3 | 玉环县生活垃圾焚烧发电工程 | 玉环伟明环保能源有限公司 | 法国电力贸易有限公司 | 52 632 |
| 4 | 厦门西部垃圾焚烧发电项目 | 厦门市环境能源投资发展有限公司 | J-TEC 有限公司 | 87 018 |
| 5 | 厦门东部垃圾焚烧发电项目 | 厦门市环境能源投资发展有限公司 | J-TEC 有限公司 | 86 477 |
| 6 | 惠安县生活垃圾焚烧发电项目 | 创冠环保（惠安）有限公司 | Fine Carbon Fund Ky，Nordic Carbon Fund Ky，GreenStream Network Plc | 169 144 |
| 7 | 株洲市垃圾填埋场填埋气体发电项目 | 湖南惠明环保能源有限公司 | 创新碳资本 | 143 647 |
| 8 | 安阳市塘沟生活垃圾卫生填埋场填埋气发电项目 | 上海百川畅银实业有限公司 | 气候变化投资 I S.A. SICAR | 77 395 |
| 9 | 安徽黄山里石亭垃圾填埋气回收和利用项目 | 黄山市生活垃圾处理中心 | 瑞典能源署和亚洲开发银行 | 20 000 |
| 10 | 宁波鄞州垃圾填埋场填埋气发电项目 | 宁波齐耀新能源有限公司 | 环保桥有限公司 | 52 986 |
| 11 | 信阳市生活垃圾填埋场填埋气发电项目 | 上海百川畅银实业有限公司 | UPM 环境项目管理有限公司 | 54 200 |
| 12 | 佛山市南海垃圾焚烧发电二厂项目 | 佛山市南海绿电再生能源有限公司 | 环保桥有限公司 | 137 146 |
| 13 | 武汉市江北西部（新沟）垃圾焚烧发电项目 | 武汉深能环保新沟垃圾发电有限公司 | 天然气工业营销与贸易公司 | 151 232 |
| 14 | 秦皇岛西部生活垃圾焚烧发电项目 | 浙江伟明环保股份有限公司 | Eco Frontier Carbon Partners Limited | 88 618 |
| 15 | 温州市临江垃圾焚烧发电厂二期扩建工程项目 | 浙江伟明环保股份有限公司 | Eco Frontier Carbon Partners Limited | 210 851 |
| 16 | 临海市垃圾焚烧发电工程 | 临海市伟明环保能源有限公司 | Eco Frontier Carbon Partners Limited | 110 927 |

| 序号 | 项目名称 | 项目业主 | 国外合作方 | 估计年减排 $CO_2$/t |
|---|---|---|---|---|
| 17 | 潍坊市生活垃圾填埋场填埋气体回收利用发电工程 | 潍坊润通生物能源有限公司 | RWE Power Aktiengesell-schaft | 56 135 |
| 18 | 舟山市垃圾焚烧发电工程项目 | 舟山旺能环保能源有限公司 | Originate Carbon Limited | 73 530 |

资料来源：国家发展和改革委员会网站（2011 年 1 月 1 日至 2011 年 11 月 15 日）。

b．焚烧处理环境服务技术

近几年来，中国垃圾焚烧处理发展很快。根据历年的《城市建设统计年报》，中国的垃圾焚烧厂的数量逐年增加，并且处理能力也逐年增加，焚烧处理在垃圾无害化处理设施中的比例也在增加，这都说明焚烧技术在中国垃圾处理的分量越来越重，见表 6.8。

表 6.8 中国焚烧状况数据统计

| 年份 | 焚烧厂数量/座 | 焚烧处理能力/（t/a） | 焚烧能力所占比例/% |
|---|---|---|---|
| 2001 | 36 | 2 151 608 | 2.9 |
| 2002 | 45 | 3 356 436 | 4.7 |
| 2003 | 47 | 4 956 250 | 6.8 |
| 2004 | 54 | 5 579 310 | 7.1 |
| 2005 | 67 | 10 893 300 | 12.9 |
| 2006 | 69 | 13 188 780 | 15.5 |
| 2007 | 76 | 15 954 765 | 16.1 |
| 2008 | 82 | 18 658 942 | 17.1 |
| 2009 | 93 | 20 221 987 | 12.9 |
| 2010 | 107 | 31 325 621 | 18.75 |

数据来源：2000—2010 年城市建设统计年报。

c．堆肥处理设施现状

2011 年，城市生活垃圾堆肥处理继续呈停滞甚至萎缩的状态。一些采用分选处理的堆肥场以综合处理场的名义存在，但其处理效果却难以达到预计要求。目前，可生物降解有机垃圾主要有城市污水处理厂污泥、饭店餐饮单位产生的餐厨垃圾，以及粪便等；随着垃圾分类管理的深入和推进，家庭厨余垃圾、过期食品类垃圾、园林绿化垃圾等也将越来越多得到单独收集，可生物降解有机垃圾资源化利用量将大幅度增加。

**（2）生活垃圾处理技术发展总趋势**

第一，由单纯的垃圾处理转向垃圾的综合管理。实现从垃圾产生源头开始进行分类收集、回收利用和处理处置的全过程综合管理。

第二，高科技正在进入垃圾产业。现代化机械用于垃圾分选，生物工程用于填埋场建设可大幅度降低渗滤液浓度，热物理传热技术改进垃圾焚烧发电系统可提高垃圾焚烧产电能力一倍以上，生物技术用于垃圾制肥可提高制肥效率和质量，现代化信息系统用于垃圾综合管理系统等。

第三，加速开发国产焚烧设备。目前中国已有的焚烧设备全部为引进国外产品，因此加速焚烧设备的国产化，是中国发展垃圾焚烧的关键，重点是焚烧炉和烟气净化设备的国产化研究和开发。

#### 2. 危险废物（医废）处置服务技术市场和应用情况

中国处理危废（医废）的技术日渐成熟，同时得到广泛应用：回转窑、热解焚烧、高温蒸汽灭菌处理等成为主流应用技术，采用半干法尾气净化或干湿联用，严格控制二噁英排放和二次污染。

在危险废物处理处置方面，固化稳定化、焚烧和安全填埋技术得到了较大的应用，截至 2010 年底，全国危险废物集中焚烧处置设施投运项目共 5 座，基本建成 12 座，在建项目 12 座，初步设计项目 5 座，仍处在前期的项目 5 座。全国危险废物集中填埋处置设施投运项目共 2 座，基本建成 3 座，在建项目 5 座，初步设计项目 4 座，仍处在前期的项目 3 座。另外，截至 2010 年底，中国省级综合危险废物处置设施达到 50 余座，就省级危险废物集中处置中心而言，均配置了以回转窑为主要技术的处置设施以及固化稳定化和安全填埋技术共存的处理处置模式。全国形成危险废物集中处置能力 96.41 万 t/a，与 2003 年前相比，危险废物处置能力增加了 3.2 倍。

在医疗废物处理处置方面，医疗废物处置设施分布在 28 个省，工艺包括回转窑焚烧、热解焚烧、高温蒸汽、干化学消毒、微波消毒等，全国建成投运的医疗废物处理设施达到 273 座，其中采用热解及焚烧的设施为 137 座，占设施总数的 50%；非焚烧处理设施为 136 座。可以说就医疗废物处置工艺而言，呈现出焚烧技术和非焚烧技术并举的态势。医疗废物处置能力 1 365 t/d，与 2003 年前相比，医疗废物处置能力增加了 9.9 倍。

### （三）生活废物处置服务技术成本分析

城市生活垃圾处理综合考虑经济指标共 3 个：工程总投资、单位运行费用以及土地占用费用。

（1）**工程总投资**

在垃圾处理量一定的前提下，对各种处理技术进行对比，其中焚烧技术的单位投资最大，因而工程总投资也相应最高，堆肥法次之，综合处理较少，卫生填埋投资最低。由于技术发展水平的差异，三种单体处理技术和综合处理技术的单位投资额并没有精确的数值，只有取经验数据，当建设投资全部使用国内设备和材料时，卫生填埋的单位投资约为 6 万～15 万元/t，堆肥处理单位投资为 5 万～40 万元/t；焚烧技术的单位投资约为 35 万～65 万元/t；综合处理的单位投资在 15 万～30 万元/t。

（2）**单位运行费用**

处理单位垃圾所需的成本，各种处理技术的差别比较大。一般来说，卫生填埋最便宜，焚烧法最贵，其单位处理成本达到卫生填埋单位处理成本的 2～3 倍，堆肥法、综合处理法在二者之间，其单位处理成本为卫生填埋的 1.5 倍左右。由于中国城市经济发展水平参差不齐，各个地区的科技水平差异较大，各地气候各异，人民生活习惯不同导致垃圾中成分有较大差异，造成单位垃圾处理成本各异，成本数据也是在一个经验值范围之内。一般卫生填埋的单位运行费用在 50～80 元/t，堆肥的单位运行费用在 50～110 元/t，焚烧处理费用在 150 元/t 左右，综合处理费用在 85 元/t 左右。与工程投资情况相同，若对于四种处理技术采用同一种模型进行评价，将造成评价结果不准确，如对于一个焚烧厂单位处理费用 100 元/t 算是很低，而如果卫生填埋的处理单位处理费用为 100 元/t 则算是成本很高。

（3）**土地占用费用**

土地价格一般由两个因素决定：①堆放的地点，即土地的利用价值；②被占用土地上的人口密度。各种垃圾处理技术对比中，待建垃圾场的占地面积是一个必须考虑的因素。占地面积可以通过计算得出的土地价格换算为经济数值，但从生态学角度看，土地占用也可以归为环境指标，这里先考虑其经济价值。各种技术中卫生填埋无疑是占用土地面积最大的方法，堆肥法次之，综合处理法占用土地较堆肥少，焚烧法占地最少，因而场址选择也最机动灵活。不过垃圾场的占地面积也是一个不容易换算成单位数值的指标，受到当地经济与自然条件，工程技术先进程度许多因素的影响，只能根据一些已建设的垃圾厂（场）数据取经验值。一般地垃圾卫生填埋场的占地面积可以表示为：200～300 $m^2$/（t • d），焚烧厂的占地面积为 50～80 $m^2$/（t • d），堆肥厂的占地面积为 100～200 $m^2$/（t • d）。

### （四）生活废物处置服务技术贸易情况

中国生活垃圾处理技术主要集中在卫生填埋、堆肥与焚烧三方面。其中，只有垃圾焚烧技术依靠国外的先进技术的引进，卫生填埋和垃圾堆肥完全是依靠中国自主研发的技术。

中国的垃圾焚烧技术尚在发展阶段。由于中国城市化进程的不断加快，生活垃圾“减量化、无害化”处理已经成为生活垃圾处理的焦点，因此中国对于先进的焚烧技术缺口依然很大，炉排炉和循环流化床技术主要还依赖国外进口。

很多实践表明，加速建立多元化的投融资体系，对于中国的垃圾焚烧处理技术的提升有很大的帮助。现在中国的垃圾焚烧场主要集中于BOT、BOO等模式，直接吸引国外公司在华建立独资、合资公司，同时对于购买、引进、吸收、国产化国外先进焚烧技术提供有利条件。由于垃圾焚烧技术较复杂、技术含量高，中国目前的大型炉排炉焚烧厂建设主要依靠引进国外先进的焚烧炉，建设投资相对较高。中国焚烧技术市场的主要国外焚烧厂商及炉型包括：日本三菱重工株式会社（三菱-马丁逆推炉排）、日本田熊株式会社（SN型炉排）、日本日立造船株式会社、日本杰富意（JFE）株式会社、德国诺尔-克尔茨公司（阶梯式顺推炉排）、德国斯坦米勒公司（往复顺推式炉排）、法国阿尔斯通公司（CITY2000倾斜往复式炉排）、比利时西格斯公司（SHA多级炉排炉）、瑞士VonRoll公司（R-10540型炉排炉）。其中进口炉型应用较多的是三菱-马丁逆推炉排（主要应用于深圳环卫综合处理厂、广州李坑垃圾焚烧厂一期、中山中心组团垃圾焚烧厂、杭州滨江绿能垃圾焚烧厂等）、日本田熊SN往复式炉排炉（主要应用于天津双港垃圾焚烧厂、北京高安屯垃圾焚烧厂、张家港市垃圾焚烧厂等）、比利时西格斯SHA多级炉排炉（主要应用于深圳南山垃圾焚烧厂、深圳盐田垃圾焚烧厂、深圳老虎坑垃圾焚烧厂、苏州市垃圾焚烧厂、常州金嘉垃圾焚烧厂、常熟市垃圾焚烧厂、天津贯庄垃圾焚烧厂等）。截至2010年，中国已有的垃圾焚烧厂93座，已运行的垃圾焚烧厂总投资在18亿元人民币，炉排炉技术应用到其中的两座焚烧厂，其他4座焚烧场使用的是循环流化床技术。中国目前垃圾焚烧技术主要依靠引进国外先进技术，进一步国产化，并未实际技术服务出口。

### （五）固废处置服务技术小结

通过对固废处置环境服务技术的分析，可以得出：

第一，目前中国固废处置环境服务技术主要有填埋、焚烧、堆肥以及综合处理技术，从垃圾处理量以及垃圾处理能力技术构成来看，填埋仍然占据主导地位。从垃圾处理厂的数量上看，2010 年中国共有 498 个城市生活垃圾填埋厂，而垃圾焚烧厂和堆肥厂分别为 104 个和 11 个，其中垃圾焚烧厂数量呈逐年递增态势，而堆肥厂数量则整体呈下降趋势。

第二，危险废物处理和处置技术中，回转窑技术是最主要的危险废物焚烧炉，流化床技术仅适用粒状废物焚烧，液体焚烧炉目前数量较多，水泥或石灰窑技术可以利用高热值有机废物取代部分燃料同时达到处理废物的目的。中国危险废物处理和处置技术的整体水平较为先进，能解决危险废物的主要问题，基本满足国内相关法规要求，但与欧、美、日等世界一流的技术相比，还存在不小的差距。

第三，固废处置技术成本主要包括工程总投资、单位运行费用以及土地占用费用三项，从工程总投资上看，在相同垃圾处理量下，焚烧技术的单位投资最大，堆肥法次之，综合处理也较少，卫生填埋投资最低；从单位运行费用上看，卫生填埋最便宜，焚烧法最贵，堆肥法、综合处理法在二者之间；从土地占用费用上看，卫生填埋占用土地面积最大，堆肥法次之，焚烧法占地最少。

第四，从固废处置技术贸易情况上看，中国垃圾焚烧技术依靠国外的先进技术的引进，对于先进的焚烧技术缺口依然很大，炉排炉和循环流化床技术主要还依赖国外进口，而卫生填埋和垃圾堆肥完全是依靠中国自主研发的技术。

## 三、废气治理服务技术

针对废气中不同的污染物，中国研发了有针对性的废气治理环境服务技术：颗粒污染物治理技术、硫及硫化物治理技术和氮及氮氧化物治理技术等。

### （一）废气治理服务技术现状与水平

#### 1. 颗粒污染物治理服务技术发展现状及趋势

针对颗粒污染物粒径大小，目前中国主要治理技术可以分为 4 类：干法（机械式除尘）、湿法、过滤法以及静电法，分别对应最常用的处理设备为：旋风式除尘器、泡沫式除尘器、袋式除尘器以及静电除尘器。湿法除尘器由于除尘效率较低，需水量大，产生二次水污染，已基本属于淘汰设施；干法（机械式）除尘器由于除尘效率较低，除在特定场合作为初级除尘或物料回收装置外，基本不用在末端治理。因此，目前烟尘（粉尘）控制技术的发展主要在袋除尘技术和电除尘技术方面，虽然近几年也出现了电袋复合式除尘技术，但应用较少。

在发达国家，由于排放标准较高，电除尘被广泛应用。如欧盟“2001/80/EC”指令中规定粉尘排放限值（标态下）为 30 mg/m$^3$，电除尘器占 85%左右；美国 2005 年规定粉尘排放限值为 20 mg/m$^3$，其电除尘器占 80%；在日本绝大部分地方政府制定的粉尘排放标准均不低于 20 mg/m$^3$，其燃煤电厂几乎全部采用电除尘器；在印度由于煤种具有高灰分、高比电阻、低硫等特性，其燃煤电厂 90%都使用电除尘器。在中国，电厂的情况也类似，90%以上使用的是电除尘器。

### 2．硫及硫氧化物治理服务技术发展现状及趋势

美国、英国、日本、苏联等发达国家在 20 世纪中期首先对烟气脱硫进行了大量的开发研究工作，研究开发的烟气脱硫技术达到 100 种以上，实际产业化的有 10 种左右。目前，发达国家燃煤电厂大多都安装了烟气脱硫装置。日本是世界上最大规模应用湿法烟气脱硫系统（FGD）的国家，所采用技术以石灰石-石膏法为主，占 75%以上，其中所用石膏基本上来自于烟气脱硫的回收产物。美国的烟气脱硫技术研究较日本略迟，其采用的脱硫工艺 80%是石灰石-石膏法。欧洲的烟气脱硫技术以德国发展最为迅速，目前德国 90%以上的 FGD 装置采用石灰石-石膏法，75%以上的工业石膏来自于脱硫石膏。

中国近年来通过自主研发和引进、消化吸收、再创新，使烟气脱硫产业化取得了重大进展。已有石灰石-石膏法、烟气循环流化床法、海水脱硫法、脱硫除尘一体化、半干法、炉内喷钙尾部烟气增湿活化法、活性焦吸附法等十多种烟气脱硫工艺技术得到应用。与国外情况相同，在诸多脱硫工艺技术中，石灰石-石膏法烟气脱硫技术仍是当前的主流工艺技术。据统计，投运、在建和已经签订合同的火电厂烟气脱硫项目中，石灰石-石膏湿法脱硫工艺技术所占比重达 93%以上。海水脱硫法、烟气循环流化床法、氨法烟气脱硫等所占比重达 7%。可以说，世界上已有的先进、成熟的火电厂脱硫工艺在中国都有，主流的脱硫技术仍为石灰石-石膏法技术。目前中国脱硫设备国产化率已达 90%以上，烟气脱硫主流工艺技术拥有自主知识产权，并且具备烟气脱硫工程总承包能力。

### 3．氮及氮氧化物治理服务技术发展现状及趋势

控制氮氧化物（$NO_x$）排放的措施分三大类：一是燃料脱硝，二是通过燃烧技术的改进降低 $NO_x$ 排放量，三是加装烟气脱硝装置。

烟气脱硝是目前世界上普遍采用的减少 $NO_x$ 排放的方法。虽然开发的工艺很多，但在工程上得到应用的主要是选择性催化还原法（SCR）和选择性非催化还原法（SNCR）两种。到 20 世纪 90 年代初，日本和德国烟气脱硝装置的装机容量已分别超过 3 000 万 kW，单个最大装机容量超过 100 万 kW。美国至今已安装了超过 1 000 万 kW 容量的烟气脱硝装置。这些脱硝装置中大部分采用 SCR 法。

近年来低氮燃烧技术的研发和生产已取得了长足的发展，实现了自行设计、自行制造和自行安装调试，不但为中国火电厂 $NO_x$ 控制提供了可行的技术，也使中国具备了装备低氮燃烧设备的生产能力。目前中国在火电机组上投运和在建的烟气脱硝技术，主要是 SCR 法，少数采用 SNCR 法，这与当前国际上的烟气脱硝技术发展趋势是一致的。但是从技术层面来看，中国火电厂应用的烟气脱硝技术，除了个别环保工程公司自行开发了具有自主知识产权的核心技术外，绝大多数单位采用的 SCR 法烟气脱硝技术尚处于引进、消化吸收和初步应用阶段。就 SCR 法脱硝技术而言，催化剂工艺制备技术、流场混合和优化技术等关键技术欠缺、工程设计及运行经验不足；而 SNCR 核心技术受国外知识产权的保护，目前只是应用，对该技术的消化吸收与再创新尚未列入工作日程，至今均未取得根本性进展。此外，催化剂的国产化事关脱硝工程初期投资和日常运行费用的多少，是制约脱硝技术产业化发展的主要瓶颈之一。虽然中国有的企业已与国外公司合资建立了催化剂生产厂，但生产规模很小，催化剂研发的进程还满足不了脱硝工程的需求。

### （二）废气治理服务技术市场规模和应用情况

目前废气处理环境服务技术的主要应用市场在火力发电、工业锅炉、钢铁以及建筑材料等行业。

#### 1. 颗粒污染物治理服务技术

**（1）火力发电行业**

截至 2009 年底，中国发电企业采用静电除尘器的锅炉容量占 95%，全国 6 000 kW 及以上燃煤电厂平均除尘器效率提高到 98.5%以上。在新投产的燃煤机组中，除尘器平均效率在 99%以上。其间，电力工业除尘技术也取得历史性突破，适用于电站锅炉的布袋除尘器、电除尘器已实现了国产化，并在 20 万～60 万 kW 机组应用。大量高效除尘设备的使用，有力推动了火电厂的烟尘治理，从而使中国燃煤电厂烟尘排放基本得到有效控制。

（2）**工业锅炉行业**

截至 2008 年底的统计，中国有各类工业锅炉 56.88 多万台，其中燃煤工业锅炉约为 48 万多台，烟尘排放量为 375 万 t，占全国烟尘排放量的 41.6%。中国燃煤工业锅炉烟尘的治理始于 20 世纪 70 年代，最初广泛使用的是机械式除尘器，包括惯性除尘器、旋风除尘器等，其中以旋风除尘器为主。随着环境保护要求的日趋严格，湿式除尘器得到了较快发展，主要有文丘里麻石水膜除尘器，并在 10 t/h 及以上燃煤工业锅炉上得到广泛应用。近几年来，新建的小型热电联产、集中供热等用途的锅炉，由于受到严格的地方排放标准的约束，配置了静电除尘器或布袋除尘器，或者将原有的机械式除尘或湿法除尘改造为静电或布袋除尘的数量逐步增加。

（3）**钢铁行业**

中国钢铁行业的颗粒污染物主要来源于烧结机。据有关部门统计，截至 2009 年底，钢铁行业现役烧结机共 970 台，烧结面积 92 000 $m^2$。烧结机的除尘技术主要是布袋除尘和电除尘技术。其中布袋除尘占总量的 95%以上，电除尘占 5%左右。

（4）**建筑材料行业**

2010 年中国建筑材料行业中水泥行业排放的烟尘和粉尘居各工业行业之首，占全国工业颗粒物排放总量的 40%。其中，水泥粉尘排放污染问题最为突出，占全国工业粉尘总排放量的 70%以上。在水泥厂中使用的主要除尘技术有：重力除尘、惯性除尘、过滤除尘、静电除尘以及湿式除尘等，其中又以袋式除尘（过滤除尘）和静电除尘为主。在水泥行业，中国已能生产配套 10 000 t/d 水泥熟料生产线超大型除尘器，处理风量 200 万 $m^3/h$。但是由于电除尘器的收尘效率受粉尘比电阻制约，若要获得高收尘效率，能耗及初投资都将远高于袋除尘，同时电除尘器对人体健康危害最大的 0.1～2 μm 尘粒的除尘效率较差，因此目前高效除尘技术越来越倾向于使用袋式除尘器。袋式除尘器的主要特点是运行稳定，适应性强，其除尘效率很少受到处理风量变化，可以过滤亚微米级的粉尘颗粒，不受气体和粉尘性质的影响。从国际上看，德国水泥厂 90%的废气是通过袋式除尘器净化的，这使其水泥粉尘的散失量小于其产量的 0.05%，很好地保护了当地的大气环境。中国近年来在新型干法生产线窑头、窑尾采用袋式除尘器越来越多，几大水泥公司全工艺线均采用袋式除尘器：中联水泥、冀东水泥、华新水泥、海德堡、中材国际、亚东等大型水泥集团新上 5 000～10 000 t/d 整条工艺线都是采用袋式除尘器。为了减少排放，中联水泥的 100 多条新型干法水泥工艺线逐步开始把电除尘器改为袋式除尘器，因此袋式除尘器是现阶段中国水泥厂所采用的主要除尘技术。

### 2. 硫及硫氧化物治理服务技术

**(1) 火力发电行业**

火力发电行业硫及硫化物来源于对碳的燃烧。截至2010年底，中国累计建成运行燃煤电厂脱硫设施5.32亿kW，火电脱硫机组装机容量比例从2005年的12%提高到82.6%。火电厂$SO_2$排放绩效值由2008年的3.8 g/（kW•h）下降到2009年的3.2 g/（kW•h），减少0.6 g/（kW•h）。中国火电厂脱硫工艺以石灰石-石膏法为主，占92%；其次为海水法，占3%；循环流化床法占2%，氨法占2%，其他占1%。

**(2) 工业锅炉行业**

在工业锅炉行业，每年$SO_2$排放量为519万t，占全国排放量的22.2%；$NO_x$排放量为187万t，仅次于火电行业和机动车，位居全国第三。该行业内已商业化或完成中试的湿法脱硫工艺包括：石灰（石灰石）法、双碱法、氨吸收法、磷铵复肥法、稀硫酸吸收法、海水脱硫、氧化镁法等10多种。

这些方法中以湿式钙法占绝对统治地位，其优点是技术成熟、脱硫率高，Ca/S比低，操作简便，吸收剂价廉易得，副产物便于利用。湿式钙法中石灰石/石灰湿法脱硫最早由英国皇家化学工业公司在20世纪30年代提出，目前是应用最广泛的脱硫技术。而用碱性化合物做吸收剂，是脱除$SO_2$最主要的方法。双碱法在国外有较广泛的应用，中国有关单位在国家“十五”期间863计划的支持下，双碱法脱硫技术研究和应用都进展很好，目前已成为中国工业锅炉烟气脱硫的主要技术之一。

表6.9 工业锅炉行业烟气脱硫主要方法的比较

| 方法 | 脱硫剂活性成分 | 操作过程 | 主要产物 |
|---|---|---|---|
| 湿法抛弃流程 | | | |
| 石灰石/石灰法 | $CaCO_3$/CaO | $Ca(OH)_2$浆液 | $CaSO_4$、$CaSO_3$ |
| 双碱法 | $Na_2SO_3$、$CaCO_3$或NaOH、CaO | $Na_2SO_3$溶液脱硫，由$CaCO_3$或CaO再生 | $CaSO_3$、$CaSO_4$ |
| 加镁的石灰石/石灰法 | $MgSO_4$或MgO | $MgSO_3$溶液脱硫，由$CaCO_3$或CaO再生 | $CaSO_4$、$CaSO_3$ |
| 碳酸钠法 | $Na_2CO_3$ | $Na_2SO_3$溶液 | $Na_2SO_4$ |
| 海水法 | 海水 | 海水碱性物质 | 镁盐、钙盐 |
| 湿法回收流程 | | | |
| 氧化镁法 | MgO | $Mg(OH)_2$浆液 | 15% $SO_2$ |
| 钠碱法 | $Na_2SO_3$ | $Na_2SO_3$溶液 | 90% $SO_2$ |

| 方法 | 脱硫剂活性成分 | 操作过程 | 主要产物 |
|---|---|---|---|
| 柠檬酸盐法 | 柠檬酸钠、$H_2S$ | 柠檬酸钠脱硫，$H_2S$ 回收硫 | 硫黄 |
| 氨法 | $NH_4OH$ | 氨水 | 硫黄 |
| 碱式硫酸铝法 | $Al_2O_3$ | 硫酸铝溶液 | 硫酸或液体 $SO_2$ |
| 干法抛弃流程 | | | |
| 喷雾干燥法 | $Na_2CO_3$ 或 $Ca(OH)_2$ | $Na_2CO_3$ 溶液或 $CaCa(OH)_2$ 浆液 | $Na_2SO_3$、$Na_2SO_4$ 或 $CaSO_3$、$CaSO_4$ |
| 炉后喷吸附剂增湿活化法 | CaO 或 $Ca(OH)_2$ | 石灰或熟石灰粉 | $CaSO_3$、$CaSO_4$ |
| 循环流化床法 | CaO 或 $CaCa(OH)_2$ | 石灰或熟石灰粉 | $CaSO_3$、$CaSO_4$ |
| 干法回收流程 | | | |
| 活性炭吸附 | 活性炭、$H_2S$ 或水 | 在 400K 吸附，吸附浓缩的 $SO_2$ 与 $H_2S$ 反应生成 S，或用水吸收生成硫酸 | 硫黄或硫酸 |

资料来源：作者搜集整理。

**（3）钢铁行业**

在中国已投运或在建的近 50 台套脱硫装置中，按照脱硫副产物分类，采用的脱硫工艺分为两类：①副产脱硫渣的“钙基法”脱硫工艺。目前应用最多，约占 80%。“钙基法”包括石灰石的湿法、半干法和干法，主要以氧化钙为脱硫剂，副产物为脱硫渣（石膏及其他产物的混合物）。②“氨-硫酸铵法”脱硫工艺，约占 20%。“氨-硫酸铵法”以氨为脱硫剂，副产品为硫酸铵[$(NH_3)_2SO_4$]。中国烧结脱硫采用的工艺种类繁多，可以说是“百花齐放”，已投运的脱硫装置，因投运时间短，多数处于试运行待评估考核阶段。

**（4）建筑材料行业**

水泥厂的 $SO_2$ 排放主要取决于原、燃料挥发分中硫含量。使用低硫或无硫原燃料的水泥窑 $SO_2$ 排放很少，有些水泥窑在不采取任何净化措施的情况下，$SO_2$ 排放浓度可以低于 10 mg/m$^3$。因水泥窑中大部分的硫以硫酸盐的形式保留在水泥熟料中，$SO_2$ 排放并不是突出问题，但使用较高挥发性硫含量的原燃料仍会造成 $SO_2$ 污染。这时需要采取净化措施，可能的选择有：向生料粉或窑尾废气中加（喷）入 $Ca(OH)_2$ 等吸收剂、干、湿法洗涤、活性炭过滤。这些方法可将排放浓度控制在 200～400 mg/m$^3$ 以下。

### 3. 氮及氮氧化物治理服务技术

在火力发电行业，自 2003 年颁布《火电厂大气污染物排放标准》（GB 13223—2003）后，一批新建火电机组开始对 $NO_x$ 进行控制，大多采用了较为先进的低 $NO_x$ 燃烧技术，对在役机组结合技术改造安装了低 $NO_x$ 燃烧器，由于这种技术是锅炉必备的装置，只要锅炉投入运行，就必须使用，一般均具有 $NO_x$ 减排效果。其所采用的工艺技术主要是选择性催化还原法（SCR），约占 90%以上，选择性非催化还原法（SNCR）只占不到 10%。但是从已建成脱硝装置的投运情况来看，问题较多。除个别火电厂能坚持投运外，大多数火电厂是时开时停，甚至有的火电厂自机组验收后就不再投入运行。

在工业锅炉行业，由于目前对燃煤工业锅炉排放 $NO_x$ 污染尚未作为重点控制对象，在现行的排放标准中，对燃煤工业锅炉 $NO_x$ 也尚未提出排放限值的要求。所以，从全国范围来说燃煤工业锅炉 $NO_x$ 的控制工作还没有全面开展。

在水泥行业，NO 和 $NO_2$ 是水泥窑 $NO_x$ 排放的主要成分（NO 占 90%以上）。目前采用的 $NO_x$ 控制技术有火焰冷却、低 $NO_x$ 燃烧器、分段燃烧、添加矿化剂、选择性非催化还原技术（SNCR）、选择性催化还原技术（SCR）。一些新型干法窑采取了低 $NO_x$ 排放设计，控制分解炉燃烧产生还原性气氛，使 $NO_x$ 部分被还原，排放浓度可降低到 500 mg/m$^3$ 以下。到 2008 年，全世界一共有 3 个水泥厂安装了 SCR 系统：德国 Solnhofen 水泥厂、意大利 Monselice 水泥厂、意大利 Calavino 水泥厂，其中德国的 Solnhofen 水泥厂的 SCR 系统可靠运行了 40 000 h；2006 年之前，在欧洲至少有 18 个水泥窑采用了 SNCR 脱硝技术，其中 15 座在德国，2 座在瑞典，1 座在瑞士。

## （三）废气治理服务技术成本分析

### 1. 颗粒污染物治理服务技术成本分析

#### （1）火力发电行业

以某新建 30 万 kW 火电机组为例，设备寿命按照 30 年计算，极板寿命按照 10 年计算，每次大修费用占初始投资费用的 30%左右，布袋除尘器滤袋使用寿命按照 4 年设计，对两种除尘设备为例进行经济分析，如表 6.10 所示。综合两种除尘器比较，30 万 kW 机组除尘运行周期总费用：电除尘器与布袋除尘器的比例为 1∶1.25。

表 6.10 火力发电行业两种主要除尘技术成本比较

| 类别 | 初始投资 | 运行费用 | 人工成本 | 大修成本 | 总周期费用 |
|---|---|---|---|---|---|
| 电除尘器/万元 | 1 300 | 304 | 4 | 520 | 10 540 |
| 布袋除尘器/万元 | 1 400 | 307 | 2 | 400 | 13 220 |

资料来源：作者搜集整理。

（2）**钢铁行业**

某钢铁企业有一台 90 $m^2$ 的烧结机，烟气量约 72 万 $m^3$，要求除尘系统排放浓度均小于 50 mg/$m^3$，为了选择性价比较高的除尘方式，该企业根据本厂实际，对电除尘和袋式除尘两种方式进行对比分析，对于一次性投资，袋式除尘器约 480 万元，电除尘器约 600 万元，袋式除尘器的投资费用要略小于电除尘器；由于袋式除尘的阻力要大于电除尘，所以袋式除尘的运行费用要高于电除尘，经过测算，袋式除尘器比电除尘器功耗多 174 kW；维护和管理费用，电除尘平均每年约 80 万元，袋式除尘器每年约 45 万元。总体上来看袋式除尘器费用低于电除尘器。

（3）**建材行业**

以 2 000 t/d 水泥干法生产线为例，对电除尘器和袋式除尘器进行技术经济比较。此生产线烟气量为 430 000 $m^3$/h，粉尘排放浓度小于 50 mg/$m^3$，其投资成本为电除尘器 273 万元，袋式除尘器 646 万元，使用袋除尘的一次性投资成本是电除尘器的 2.5 倍左右。在运行费用方面，电除尘器年能耗总计 1 623 024 kW・h，折合每吨水泥运行成本为 2.2 元/t 水泥；袋式除尘器年能耗总计 2 295 504 kW・h，折合每吨水泥运行成本为 3.1 元/t 水泥；即袋式除尘器的运行成本比电除尘器高 41%。

### 2. 硫及硫化物治理服务技术成本分析

（1）火力发电行业以国电集团下属的某发电厂 6 号锅炉为例，采用石灰石-石膏法烟气脱硫工艺，主要包括以下几个系统：石灰石浆液制备系统、烟气系统、$SO_2$ 吸收系统、事故浆液排放及回收系统、石膏脱水系统、自动控制系统等，FGD 入口 $SO_2$ 浓度 2 800 mg/$m^3$，$SO_2$ 去除率大于等于 95%，年运行 5 500 h，每年 $SO_2$ 减排 1.81 万 t，$SO_2$ 减排成本 1 480.8 元/t，因脱硫系统运行而增加的发电成本为 0.014 元/（kW・h）。

（2）钢铁行业以某矿业公司一台 360 $m^2$ 的烧结机为例，为了达到业主与当地环保部门签订主要污染物总量削减目标责任书的指标，公司决定对 360 $m^2$ 烧结机烟气进行脱硫。工程采用密相塔半干法烟气脱硫技术，对全量烧结烟气进行脱硫。处理烟气量为 1 800 000 $m^3$/h，密相塔入口 $SO_2$ 浓度为 800 mg/$m^3$，$SO_2$ 排放浓度小于等于 100 mg/$m^3$，工程静态投资共计 9 656.81 万元，年运行成本约 2 664.48 万元，360 $m^2$ 烧结机烧结矿产量按 $3.7\times10^6$ t/a 计算，折合每吨烧结矿的脱硫成本约为 7.20 元/t，如果考虑每年 $SO_2$ 排污费用，烧结矿的脱硫成本约为 4.63 元/t。

### 3. 氮及氮氧化物治理服务技术成本分析

对于脱硝工艺的经济分析，以中国某66万kW的机组为对象，分别对SCR、SNCR和SNCR-SCR三种技术的经济性进行分析，对于相同容量（66万kW）的机组，SNCR、SNCR-SCR及SCR这三种工艺投资费用以SCR为最高，达到了79.2元/kW；SNCR-SCR次之，为72.6元/kW；SNCR最低为36.4元/kW。脱除每千克氮氧化物，SNCR法运行成本最高，达到了9.96元/kg；SCR次之，为8.6元/kg；SNCR-SCR最低，为8.05元/kg。

## （四）废气治理服务技术贸易情况

### 1. 颗粒污染物治理服务技术

根据2010年度袋式除尘注册的会员单位报送的统计数据，全行业出口销售额较2009年有所增长，继续保持在2亿美元以上，达到2.58亿美元，比2009年增加0.37亿美元，增加16.7%。主机生产企业出口1.82亿美元，比2009年增加0.16亿美元，增加了9.63%。其中烟台氨纶集团、天津仕名、中钢天澄、合肥水泥院、浙江菲达、浙江洁达、科林环保、洁华控股公司等主机厂的出口都有一定的增长。纤维、滤料生产企业出口0.72亿美元，比2009年增加0.21亿美元。配件生产企业出口0.04亿美元，比2009年度略有减少。

电除尘行业的经营主要是设备制造，也有企业同时进行设备的安装和调试。根据2010年的调查统计，24家本体企业合同额达到162.9亿元（人民币），总产值为136.9亿元，环保销售收入为112.4亿元（人民币），出口额为23.1亿元（人民币）；19家供电电源企业环保销售收入为7.2亿元（人民币），出口额为9 918万元（人民币）。

### 2. 硫及硫化物治理服务技术

中国硫及硫化物治理服务技术贸易主要集中在对国外先进技术的引进、消化、吸收及再创新上。近年来，中国企业分别从美国、德国、日本等发达国家引进了石灰石-石膏法、循环流化床法以及海水脱硫等工艺。在此基础上，一些企业实现了再创新，如苏源环保工程股份有限公司在引进的基础上研发了具有自主知识产权的石灰石-石膏湿法烟气脱硫技术，目前已成功应用于太仓发电有限公司二期2台30万kW机组电厂烟气脱硫工程；北京国电龙源环保工程有限公司在引进德国技术基础上消化、吸收和再创新，拥有了自主知识产权的石灰石-石膏湿法烟气脱硫技术，并成功应用于江阴苏龙发电有限公司三期 2 台 33 万 kW 机组电厂烟气脱硫工程。

### 3. 氮及氮氧化物治理服务技术

氮及氮氧化物治理服务技术的贸易主要体现在脱硝技术的引进以及脱硝催化剂生产技术的引进上。

脱硝技术的贸易也主要集中在对先进技术的引进、消化、吸收和再创新上。氮及氮氧化物治理先进技术主要输出国为美国、日本、德国、丹麦、意大利等国，中国在吸收先进技术的基础上，也研制开发出了新的脱硝技术。如江苏苏源环保公司与日本日立造船株式会社合作开发了大型火电机组烟气脱硝的 OI2-SCR 烟气脱硝技术，以苏源环保烟气脱硝技术研发的成果和大型工艺系统的开发能力整合日立造船既有的烟气脱硝技术和长期实践积累的经验，开发出适合中国国情的具有自主知识产权的 OI2-SCR 烟气脱硝技术，并在国华太仓电厂加以实施，目前运行效果良好。

除了脱硝技术的引进外，脱硝催化剂生产技术是另一个引进的重点。2005 年东方锅炉（集团）股份有限公司出资 910 万欧元与德国 KWH 公司合资成立的成都东方凯特瑞环保催化剂有限责任公司，合作生产脱硝催化剂，计划每年生产 SCR 催化剂的能力为 4 500 $m^3$，产品除了销售给中国市场以及由东方锅炉成套的 SCR 电厂外，同时也销售给 KWH 公司负责的欧洲和美国市场；国电龙源公司引进日本触媒化成公司的催化剂生产技术，并与国电环保院共同出资成立了江苏龙源催化剂有限公司用于生产脱硝催化剂，Ⅰ期年产量 3 000 $m^3$，Ⅱ期年产量 5 000 $m^3$，并于 2009 年 4 月生产出了第一批催化剂。

## （五）废气治理服务技术小结

废气治理环境服务技术主要有颗粒污染物治理技术、硫及硫化物治理技术和氮及氮氧化物治理技术等，其特征如下：

第一，对于颗粒污染物治理，发展的主要方向在袋式除尘技术和电除尘技术方面，中国电除尘器发展起步较晚，但生产规模和应用数量均名列世界前茅，产品除了满足自身需求外，还出口到世界数十个国家。

第二，在硫及硫氧化物治理环境服务技术领域，石灰石-石膏法烟气脱硫技术是中国脱硫的主流工艺技术，脱硫设备国产化率已达 90%以上，烟气脱硫主流工艺技术拥有自主知识产权，并且具备烟气脱硫工程总承包能力。

第三，在氮及氮氧化物治理环境服务技术领域，主要采用选择性催化还原法，但是绝大多数单位采用的 SCR 法烟气脱硝技术尚处于引进、消化吸收和初步应用阶段。

## 四、噪声消除服务技术

从噪声的来源上来看，噪声主要分为：交通噪声、工业噪声、建筑噪声、社会噪声以及家庭噪声等，伴随着目前城市机动车辆数目迅速增加、地铁以及飞行器的大量使用，交通噪声已成为城市噪声的主要来源，为此本报告主要关注交通噪声治理服务技术。

### （一）噪声消除服务技术现状与水平

噪声源控制技术是噪声控制的根本之道，但总体上实施难度较大。因此，控制噪声传播途径成为主要噪声消除技术。

噪声与振动污染控制技术国内外大同小异，包括吸声、消声、隔声、隔振处理等。对于交通噪声控制，主要集中在声学材料、低噪声路面、隔声窗、声屏障等方面，特别是因地制宜地使用声屏障成为普遍采用的一种交通噪声控制手段。

表 6.11 常见声屏障类型及优缺点比较

| 型号 | 降噪量/dB（A） | 优点 | 缺点 |
|---|---|---|---|
| 阻性屏障 | 17～24 | 吸隔声效果好 | 不透明，景观效果不够好 |
| 普通透明屏障 | 11～16 | 景观效果好 | 存在声反射问题 |
| 微孔板透明屏障 | 14～17 | 吸隔声效果好，景观效果好 | 造价偏高 |
| 复合式屏障 | 13～17 | 吸隔声效果好，景观效果好 | 安装相对复杂 |

资料来源：作者搜集整理。

声屏障由于其简单、实用、可行、有效，成为交通环境保护中的一项重要手段，特别是在铁路、高速铁路、高速公路、地面轨道交通建设以及城市交通规划已无法更改的敏感建筑建成区，用声屏障降低交通噪声成为首选方案。声屏障技术的研究始于 20 世纪 60 年代的美、日、法等国，到 20 世纪 80 年代许多发达国家对声屏障的设计施工和应用方面进行了大量实践和深入的研究，积累了丰富的经验，随后声屏障技术不断发展和推广，得到了大规模的应用，发达国家在穿过市区和居住区的高速公路、铁路以及高架桥的两侧等场合普遍设置了声屏障，发达国家均把建造声屏障作为在改善声环境方面较为合理、经济有效的方法。欧美、日本等国家以及中国港台地区均设置了数量很大的声屏障，比如日本早在 1983 年高速公路的声屏障设置率就达到了 80%，到 1990 年全部道路的声屏障总长度达到 1 573 km。中国在声屏障应用上处于起步但高速发展的阶段，随着中国经济水平的快速提高，人们对交通噪声污染也日益关注，中国也在越来越多地应用声屏障技术控制日益增加的交通噪声污染。

### （二）噪声消除服务技术市场和应用情况

从市场需求规模上来看，2009 年，中国声屏障市场规模前三名的地区为上海、广东以及北京，市场规模分别为：30 904 万元、17 304 万元以及 15 966 万元。从各省市声屏障生产企业市场占有率看，2010 年市场占有率前三名的省份为江苏、河北以及湖北。

表 6.12　2010 年中国各省市声屏障公司市场占有率

| 省（市） | 江苏 | 河北 | 上海 | 辽宁 | 浙江 |
|---|---|---|---|---|---|
| 占有率/% | 37 | 22 | 10 | 4 | 3 |
| 省（市） | 北京 | 山东 | 安徽 | 广东 | 湖北 |
| 占有率/% | 3 | 4 | 2 | 3 | 12 |

资料来源：作者搜集整理。

### （三）噪声消除服务技术成本分析

用于高速公路、高速铁路、城市轨道交通噪声控制的声屏障，总体而言，造价在 700～1 500 元/$m^2$，包括材料和施工（含受力结构，不含基础）。塑料的和混凝土类的材料，造价较低，700 元/$m^2$ 左右；金属穿孔板护面也可以做到 700 元/$m^2$，但寿命较短，2～3 年就明显被腐蚀；如果用金属穿孔板护面结构，寿命要确保 15 年及以上的，目前造价应在 1 000～1 200 元/$m^2$；如果对外观和造型有要求，就会更高。影响造价的另一个因素是施工地点，越是偏远地区，由于效率低，施工成本越高；在中心城市，反而成本在中间档；交通方便的二、三线城市的施工成本最低。

通常在确定铁路和道路交通线路走向时，会尽量避开或远离噪声敏感目标，当线路不得不距离敏感目标较近时，会采取不同的降噪措施来减少交通噪声对环境的污染状况。某高速公路项目投资 500 万元设置 2 300 延米的隔声屏障用于控制交通噪声对敏感建筑物的噪声污染。西北地区某段铁路改建工程 7 处声屏障投资 700 余万元。

相比而言，城市轨道交通地面段往往很难避开敏感目标，因此在噪声污染控制方面资金投入更大，某城市一条轨道交通线路用于声屏障的投资预算为数千万元。高速铁路声屏障资金投入则更大，大的项目往往以亿元计算。

### （四）噪声消除服务技术贸易技术情况

总体来说，中国噪声控制产品的研发水平与国际基本同步，部分技术处于国际领先水平。仅就声屏障而言，中国有些厂家曾经引进过韩国、德国等国家的声屏障制造技术，也主要是用于国内项目。声屏障成品运输半径过大会导致物流成本过高，因此少见声屏障成品的进出口。

### （五）噪声消除服务技术小结

通过分析噪声治理环境服务技术，可以看出：

第一，从噪声源上看，交通噪声是城市噪声的主要来源，因而治理的重点也放在交通噪声治理领域，治理的技术和手段主要集中在声学材料、低噪声路面、隔声窗、声屏障等方面，特别是因地制宜地使用声屏障成为普遍采用的一种交通噪声控制手段。

第二，从声屏障市场需求规模上来看，前三名的地区为上海、广东以及北京；从声屏障生产企业市场占有率看，前三名的省份为江苏、河北以及湖北。

第三，从声屏障生产成本来看，塑料的和混凝土类的材料造价较低，而金属穿孔板护面相对较高。

## 五、小结

本章主要集中研究了污水处理服务技术、固废处置服务技术、废气治理服务技术以及噪声消除服务技术，通过对这些领域环保科技的分析，可以得到如下结论：

第一，中国加大了对环境保护技术领域的投入，环境服务技术得到快速发展。虽然长期以来中国在环保科技领域投入不足，但到“十一五”期间这一局面得到了明显改善。在“十一五”规划中，国家明确提出用于环保科技的经费达 60 亿元。到“十二五”期间国家对环保科技领域的投入有了更为显著增加，国家将重点支撑垃圾处理、脱硫脱硝等领域，预计将投入 220 亿元研发焚烧烟气控制系统、渗滤液处理等垃圾处理技术，大型工业装置除尘、烟气脱硝等大气污染控制技术等环境服务技术。

第二，环境服务贸易是中国环境服务技术发展和提升的重要途径。借助对外贸易的平台，在引进、消化、吸收发达国家先进环保技术的同时，通过融资、合资生产和自主创新等方式，加快了先进环保技术推广和本土化的进程，各项环保科技都得到了发展。如脱硝技术领域，江苏苏源环保公司引进日本日立造船公司脱硝技术的同时，整合自身研发成果与工艺系统，本土化国外先进技术，开发出具有自主知识产权的 OI2-SCR 烟气脱硝技术。

第三，环境服务技术的进步反过来促进了中国环境服务贸易。环境服务技术的进步充实了环境服务贸易的内容，随着环境服务技术水平的发展，中国环境服务对外贸易无论在贸易额上还是在出口地区数量上都得到了增加。如中国污水处理领域，随着关键设备及部件制造技术的成熟，销售额从 1998 年的 58.5 亿元增长到 2010 年的 1 251.3 亿元；又如电除尘行业，由于技术的进步，降低了电除尘器的制造成本，使得电除尘行业不仅能出口到第三世界国家，同时在发达国家的市场上也能占有一席之地。

第四，中国环境服务技术虽然发展快速，但是与世界先进国家环境服务技术还存在一定的差距。主要体现在设计制造水平较低，产品标准化欠缺以及自主开发能力较弱三方面。

# 参考文献


[1] Aparna Sawhney，Rupa Chanda. Trade in Environmental Services：Opportunities and Constraints. Indian Council for Research on International Economic Relations，May 2003.

[2] APEC Committee on Trade and Investment. Study of Impacts on APEC Economies of Measures to Liberalize and Facilitate Trade in Environmental Services. China Environmental Science Press，2004.

[3] Cartors Kuriyama. A Snapshot of Current Trade Trends in Potential Environmental Goods and Services，April 2012.

[4] Colin Kirkpatrick，Norman Lee. Further Development of the Methodology for a Sustainablility Impact Assessment of Proposed WTO Negotiations，2002. http：//idpm.man.ac.uk/sia-trade.

[5] Colin Kirkpatrick，Clive George，Jamie Franklin.Sustainablility Impact Assessment of Proposed WTO Negotiations：Sector Studies for Enviornmental Services，Market Access and Competition，July 2002.

[6] Colin Kirkpatrick，Norman Lee. Further Development of the Methodology for a Sustainability Impact Assessment of Proposed WTO Negotiations，April 2002.

[7] Environmental Services：Issues on GATS Article XIX Negotiations. UNCTAD.http：//www.teriin.org/events/docs/envgoods/env7.pdf.

[8] GATT. Services Sectoral Classification List. MTN.GNS/W/120，July 10，1991.

[9] http：//www.cepiol.com/zhuanjia-8a.htm.

[10] http：//www.dfait-maeci.gc.ca/tna-nac/2004/pdf/cimap-en.pdf.

[11] IISD. Environmental Goods and Services Negotiation at the WTO：Lessons from Multilateral Environmental Agreements and Eco-lables for Breaking the impasse. March 2010.

[12] Massimo Geloso Grosso，ICTSD. Regulatory Principles for Environmental Services and the General Agreement on Trade in Services，December 2007.

[13] Jolita Butkeviciene. GATS negotiations and issues for consideration in the area of envirnmental services from a development perspective，workshopon Post Doha Negotiating issues on Trade and Enviornment in Paragraph 31，Singapore，May 2003.

[14] McCulloch，Winters and Cirera. World Bank（2002）.

[15] OECD. Environmental Goods and Services：An Assessment of the Environmental，Economic and Development Benefits of Further Global Trade Liberalisation. COM/TD/ENV（2000）86/FINAL.

[16] OECD. Environmental Goods and Services——The Benefits of Further Global Trade Liberalization. 2001.

[17] OECD. Environmental Services：The “Win-Win” Role of Trade Liberalization in Promoting Environmental Protection and Development. COM/TD/ENV（1999）93/FINAL.

[18] OECD. The Global Environmental Goods and Services Industry，1996.

[19] OECD/Eurostat. Environmental Goods and Services Industry Manual for the Collection and Analysis of Data. Paris，1999.

[20] Policy and Regulation Department of State Environmental Protection Administration，Collection of China's Environmental Policy Tending towards Market-oriented Economy，Chemical Industry Press，2002.

[21] Secretariat of the Commission for Environmental Cooperation（CEC），Analytic Framework for Assessing the Environmental Effects of the North American Free Trade Agreement，1999.

[22] The U.S. Environmental Industry & Global Market. Environmental Business International, 2011.

[23] UNCTAD. Strengthening Capacities in Developing Countries to Develop Their Environmental Services Sector.TD/B/COM.1/EM.7/2. May 12，1998.

[24] UNEP，Reference Manual for Integrated Assessment of Trade Related Policies，October 9，2000.

[25] United Nations Conference on Trade and Development. Trade and Environment Review，2003.

[26] United States International Trade Commission. Private Sector Participation in the Water and Wastewater Services Industry，April 2004.

[27] United States International Trade Commission. Solid and Hazardous Waste Services: An Examination of U.S. and Foreign Markets，April 2004.

[28] WTO. Assessment of Services Liberalization：Potentially Relevant Considerations and Criteria. S/CSS/W/117. November 2001.

[29] WTO.Background Note on Environmental Services. WTO Secretariat. S/C/W/320. August 20, 2010.

[30] WTO. Discussion Paper on the Environmental Effects of Services Trade Liberalization. WT/CTE/W/218. October 2002.

[31] WTO. Environmental（Sustainablity） Assessments of Trade Liberalization Agreements At the National Level. WT/CTE/W/171. October 2000.

[32] WTO. Environmental Services. Background Note by the Secretariat.S/C/W/46. July 6，1998.

[33] WTO. Liberalization of Trade in Environmental Services and the Environment，a contribution by the United States to the Committee on Trade and Environment. WT/CTE/W/70. November 21，1997.

[34] WTO. UNCTAD Expert Meeting on Strengthening Capacities in Developing Countries to Develop Their Environmental Services Sector. Communication from UNCTAD. S/CSS/W/96. August 1998.

[35] WTO. Communication from Australia. S/CSS/W/112. October 2001.

[36] WTO. Communication from Canada. S/CSS/W/51. March 2001.

[37] WTO. Communication from Colombia. S/CSS/W/121. November 2001.

[38] WTO. Communication from Cuba. S/CSS/W/142. March 2002.

[39] WTO. Communication from Switzealand. S/CSS/W/76. May 2001.

[40] WTO. Communication from the European Communities and their member states. S/CSS/W/38. December 2000.

[41] WTO. Communication from the United States.S/CSS/W/25. December 2000.

[42] WTO. Environmental Benefits of Removing Trade Restrictions and Distortions. Note by Secretariat（Addendum）. WT/CTE/67/Add.1. March 1998.

[43] Yu Hongmei. Sewage/Wastewater Treatment-Northeast China. March 2003.

[44] “十二五”全国城镇污水处理及再生利用设施建设规划.

[45] 2009年污水处理行业风险分析报告.

[46] 仇保兴. 我国城镇污水处理发展的状况和面临的挑战. 给水排水，2010，36（2）.

[47] 电力企业联合会. 电力行业年度发展报告. 2011.

[48] 国冬梅. 环境货物与服务贸易自由化. 北京：中国环境科学出版社，2005：23-32.

[49] 国家环境保护总局科技标准司，中国环境保护产业协会. 中国环境产业市场供求指南. 北京：中国环境科学出版社，2002.

[50] 国家环境保护总局科技标准司. 市场经济与环境保护. 北京：化学工业出版社，2001.

[51] 国家环境保护总局政策法规司. 走向市场经济的中国环境政策全书. 北京：化学工业出版社，2002.

[52] 环境保护部科技标准司，中国环境科学学会. 环境技术行业发展报告（2010年），82.

[53] 李丽平，段炎斐. 全球环境服务业发展趋势及驱动力. 环境经济，2011（8）.

[54] 李丽平. APEC环境产品合作中中国的定位与追求. 中日中心信息专报，2012.

[55] 李丽平. APEC环境产品与服务（EGS）合作问题分析. 亚太区域经济合作发展报告（2012）.

[56] 李丽平. 促进环境与贸易协调 构建绿色贸易体系. 环境经济，2012（6）.

[57] 李丽平. 环境产品清单制定应遵循哪些原则. 中国环境报，2012-08-16.

[58] 李丽平. 环境产品缘何受 APEC 关注. 中国环境报，2012-09-11.

[59] 李丽平. 环境服务贸易自由化对中国的影响. 北京：中国环境科学出版社，2007.

[60] 李丽平. 应尽早明确环境产品的内涵和范围. 环境战略与政策研究专报，2012.

[61] 林成海. 我国火电厂烟气脱硫产业化的现状及有关建议. 科学论坛，2007，6（下）：404.

[62] 饶友玲. 国际服务贸易——理论、产业特征与贸易政策. 北京：对外经济贸易大学出版社，2005：50-57.

[63] 任如山，黄学敏，等. 湿法烟气脱硫技术研究进展. 工业安全与环保，2010，36（6）：14-15.

[64] 水泥工业粉尘治理袋除尘技术发展情况介绍. 2010 国际水泥周专题报道. http：//www.c-bm.com/news/2010/3-25/B10950705.shtml.

[65] 王金南，葛察忠，杨金田. 环境保护投融资战略. 北京：中国环境科学出版社，2003：322.

[66] 夏光. 环境政策创新. 北京：中国环境科学出版社，2001：4.

[67] 引领产业升级和各行业技术进步是方向. 中国环境报，2005-03-28.

[68] 原庆丹. 环境公共服务市场化步子还要更大些. 经济参考报，2012-10-12.

[69] 原庆丹. 我国环境服务业发展急需政策发力. 环境与可持续发展，2011（6）.

[70] 张汉林，张军生，刘洪敏. 复兴之路：WTO 与中国经济未来（服务业卷）——服务业承诺与开放和崛起（下册）. 北京：人民日报出版社，2002：903-904，910.

[71] 张汉林. 国际服务贸易. 北京：中国对外经济贸易出版社，2002：55-63.

[72] 中国电力企业联合会. 中国电力行业年度发展报告，2010.

[73] 中国电力企业联合会. 中国电力行业年度发展报告，2011.

[74] 中国国家环境保护总局环境状况调查（内部资料），1998.

[75] 中国环保产业协会，北京市劳动保护科学研究所，等. 燃煤工业锅炉氮氧化物等多种污染物协同控制技术方案报告. 北京：2010-09.

[76] 中国环境保护产业协会电除尘专业委员会. 中国环境保护产业发展报告——我国电除尘行业 2010 年发展综述：11-15，39.

[77] 中国环境保护产业协会技术部. 环境服务业市场发展分析. 中国环境产业发展报告，2001：64.

[78] 中国环境保护投融资机制研究课题组. 创新环境保护投融资机制. 北京：中国环境科学出版社，2004：1-2.

[79] 中国环境科学研究院，合肥水泥研究设计院，水泥工业大气污染物排放标准编制说明.

[80] 中国环境学会. 2010 年度水处理行业发展报告. 2010.

[81] 中商情报网. http：//www.askci.com.

[82] 周铁祥，李阳桐，等. PC 窑窑尾袋除尘器的应用. 水泥工程，2006，6：78-81.